Tú, él y los celos

Claudia Ponte

Tú, él y los celos

*Cómo desarrollar
tu inteligencia sentimental*

Construye una relación
de pareja siendo fiel a ti

Índice

Introducción

Muchos, por no decir la mayoría, hemos sentido celos alguna vez. Forman parte de los argumentos de multitud de libros, obras de teatro, películas de cine y televisión. Pero no por ser conocidos y experimentados dejan de ser un problema de difícil solución.

Entender los celos

Cuando aparecen nos transformamos, perdemos de vista la realidad, nos ofuscamos en cuestiones intrascendentes, odiamos y hasta nos volvemos agresivos en nombre del... ¿amor? Nadie está a salvo: desde reyes o dioses, hasta simples mortales en pleno siglo XXI somos sus víctimas pasivas o activas.

Como todo sentimiento, muchos apuntaríamos al corazón como causante de este trastorno emocional. Pero los celos tienen mucho de química y biología y buena parte de aprendizaje social.

Para entender los celos y a los celosos, o para combatir un ataque de este sentimiento hostil, el primer consejo es conocer de qué se trata y por qué se producen. La reflexión sobre todos estos puntos nos ayudará a alejarnos del problema y aprender a atacarlo con todos los medios de los que dispongamos para ser capaces de vivir con ellos, tratar de cambiar o, si fuera necesario, saber cómo huir de una relación enfermiza.

Pero este libro no va tan sólo de eso. A veces los celos tienen una base real: un tercero irrumpe en la relación amorosa. Ya lo dice el refrán: «Dos son pareja, tres multitud». La infidelidad hace acto de presencia. ¿Qué hacer? Depende de vosotros: hay quien es capaz de perdonar, otros nunca olvidan e incluso algunos prefieren vivir a tres, cuatro y hasta cinco bandas.

Tal vez la situación se vuelva insostenible y el sufrimiento no te deje respirar. O quizá sea el aburrimiento el que te haga correr sin mirar atrás. ¿Quién dijo que cortar era fácil? Es tan difícil como superar un abandono. Te propongo algunas claves y pistas para aprender a hacerlo con clase, tacto, ironía o desprecio, según sea el caso.

Cada relación de pareja es un universo formado por dos planetas que a veces giran armónicamente y otras, entran en colisión. No hay que desesperarse. Así ha sido desde el principio de los tiempos y millones de años después, aquí sigue el ser humano. Estas dificultades... ¿no serán parte del encanto?

Celos:
una emoción compleja

Efectivamente, los celos son complicados. No es como decir me duele aquí o allí. No puedes afirmar tengo celos y ya está. En realidad, tener o sentir celos significa vivir muchos otros sentimientos, que no tienen porqué ser los mismos en todas las personas.

Los celos tienen una parte de envidia, desconfianza, egoísmo, susceptibilidad, obcecación, honor, depresión, tristeza, rabia, orgullo, desconfianza en uno mismo...

¿Y de amor? ¿Los celos son por amor? En un principio te responderás: «Claro. Siento celos porque quiero a esa persona y no estoy dispuesta a perderla». Pero dale la vuelta al tema. Si el celoso resulta ser tu pareja, ¿realmente crees que siente celos porque te quiere? O piensas que si te quisiera tanto como dice, ¡no estaría celoso!

Aunque amor y celos siempre vayan íntimamente relacionados, los celos son producto de otras cosas, además del amor. Se puede decir que cuando su dimensión es moderada, se trata de una manifestación de este noble sentimiento. Pero cuando la cosa se desmadra, los celos producen incomodidad y angustia.

No sin razón los especialistas en psicología afirman que los celos son una alteración afectiva, que pone en marcha conductas moldeadas por este estado afectivo en las que los pensamientos, los impulsos, las percepciones y, en general, todas las funciones psíquicas se alteran profundamente, pero sólo en relación con la emoción perturbadora. Es decir, conservando plena normalidad de criterio para todos aquellos temas que no se refieren a sus celos.

El celoso vive en una contradicción constante: ama y odia; quiere confiar, pero desconfía; pretende olvidar, pero se obsesiona y no puede pensar en otra cosa.

Más que el amor hacia otra persona, los celos que nos preocupan, los que tal vez te están haciendo leer este libro, se producen por amor propio; por el sentimiento de posesión. En ocasiones están motivados por infidelidades, o porque se desatiende a la persona amada o porque se atiende en exceso a otra persona. Pero otras veces, los celos se producen por el miedo a perder a la persona que amas; porque piensas que te puede ser infiel; porque crees que no eres lo suficiente para él.

En resumen, cuando se está enamorado, siempre hay una tendencia a sentir celos o incluso gusta que el otro sienta celos por ti y en cantidades moderadas es un sentimiento incluso positivo. Pero no es el amor lo que desencadena los perniciosos ataques de celos. Existen mucho otros factores biológicos y sociales que nos producen este molesto trastorno.

¿Nacemos celosos?

Los especialistas en comportamientos humanos (psicólogos, psiquiatras, sociólogos) y los expertos en biología suelen coincidir en que los celos tienen un componente genético y otro social. Dependiendo de la predisposición a los celos que se tiene de forma innata y de la educación y el ambiente social en que uno se mueve, la persona será más o menos celosa.

Algunas apreciaciones te ayudarán a entender mejor este punto. Hay que remontarse al padre de la teoría de la evolución, Charles Darwin. Él fue uno de los primeros en teorizar sobre la biología social. Para el señor Darwin, los genes determinan una serie de conductas innatas. Por ejemplo, las ocas, nada más salir del huevo, saben que deben seguir al primer ser que vean, que suele ser su madre, y actuar como ella. Si en lugar de la oca madre se encuentran con el granjero, lo seguirán como si se tratara de ésta.

Otro ejemplo: nadie le enseña a los mamíferos que cuando nacen deben mamar para alimentarse, pero es lo primero que hacen cuando salen del útero materno.

Así pues, los celos formarían parte de esas características innatas del individuo: cuando se nace ya se está predispuesto a sentirlos si se presenta la situación.

Sigamos con Darwin. Según este científico, algunos seres padecen mutaciones de sus genes y si esas mutaciones le permiten adaptarse mejor al entorno en el que viven, podrán convertirse en una nueva especie que sobreviva a otras que no se adaptan igual de bien. Es el ejemplo del Homo Sapiens y el Neardenthal. Sólo el primero, especie a la que los humanos pertenecemos, sobrevivió, mientras que la otra no se adaptó igual de bien al hábitat del momento y acabó desapareciendo.

¿Hasta qué punto quiero llegar con todo este embrollo de la teoría evolutiva? Pues a la conclusión de que el comportamiento celoso en potencia existe en todos los seres humanos y también en muchos animales. Es decir, que forma parte de esas actitudes que se van transmitiendo de una a otra generación por los genes. Si todos los seres humanos tienen cierto grado de celos, ¿será porque durante la evolución le ha ido bien sentir celos al Homo Sapiens? Porque de lo contrario, si los celos hubieran sido totalmente negativos, los animales celosos hubieran tendido a desaparecer.

Esta extrapolación de la evolución según Darwin, puede hacerte pensar que más vale que tires este libro por la ventana porque te estoy argumentando que ser celoso es algo fantástico de lo que no podemos huir porque está en nuestros genes. ¡No! Como no me cansaré de repetir, los celos son un sentimiento complejo y que tengamos tendencia a sentirlos no significa que todos los desarrollemos con la misma intensidad, ni que según qué actitudes celosas no sean perjudiciales. Hay celos que llevan a la destrucción y, en ese caso, es imposible afirmar que sean provechosos para el ser humano.

Una cuestión de instinto

Pero entonces, ¿por qué tenemos celos? Simplemente forman parte de nuestro instinto. Como también explicó Darwin, los animales buscan sobrevivir e incluso hacerlo más allá de la muerte. Y eso lo consiguen reproduciéndose. Existe una tendencia innata en el mundo animal a buscar la descendencia cueste lo que cueste. Y si no, que se lo expliquen al macho de la mantis religiosa que es devorado por la hembra después de copular.

Miremos el comportamiento de los primates, que son nuestros familiares más cercanos en la rama evolutiva, para ver cómo luchan por su pareja y su descendencia. Su comportamiento social y sus características biológicas suelen estar relacionadas con la mejor forma de conseguir alimento y descendencia. Por ejemplo, los gorilas suelen estar organizados en grupos de varias hembras para cada macho. Los machos luchan entre ellos por conseguir a sus hembras y las hembras suelen ser monógamas, es decir que sólo se relacionan con su macho. Además, aunque pueda parecer curioso, hay expertos que dicen que el tamaño de sus testículos no es muy grande porque no debe generar mucho esperma. Tiene la descendencia garantizada entre su grupo de hembras.

Los chimpancés, por el contrario, suelen ser polígamos. Las comunidades están formadas por varios machos emparentados y por diferentes hembras que se han unido al colectivo. Si se mira el tamaño de sus testículos, resultan ser mayores que los de los gorilas. Según los científicos, este animal tiene que garantizar su reproducción apareándose muchas veces con distintas hembras que ya lo han hecho con otros machos. El mejor esperma o el más abundante será el que consiga su propósito.

Y nosotros los humanos, ¿somos por naturaleza como los gorilas o los chimpancés? ¿A cuántos hombres les gustaría actuar como los chimpancés e irse apareando con todas las que le salen al paso? ¿Cuántos hombres se pelean entre ellos para conseguir ser los líderes del grupo y tener el harén más numeroso, como los gorilas? ¿Por qué nos obsesionan tanto las infidelidades si el reino animal está lleno de ellas?

Nos parecemos al resto de animales más de lo que pensamos. Actuamos, en muchas ocasiones, movidos por los instintos.

¿Qué pintan los celos en todo esto? ¿Son los celos, como he dicho al principio, un mecanismo de defensa para proteger lo que es de uno (en este caso la pareja) que, en términos de biología evolutiva, significaría luchar por la reproducción y por el mantenimiento de nuestros genes más allá de nuestra muerte? Así pues, una vez que hemos elegido a nuestro macho (aunque quede muy burdo) no estamos dispuestas a que otra hembra se lleve su esperma tan preciado.

Reacciones complejas

Nuestra actitud y nuestras relaciones no están siempre orientadas a la reproducción y la supervivencia. No siempre actuamos para conseguir lo mejor para nosotros. El ser humano se equivoca constantemente. A veces nos movemos para conseguir el placer o el bienestar momentáneo, sin tener en cuenta el futuro a largo plazo. En ocasiones, podemos actuar en contra de otras personas simplemente por egoísmo o animadversión, sin que eso signifique conseguir un bien material a cambio.

En otras ocasiones, reflexionamos profundamente antes de actuar de un modo u otro, analizando los peligros que supone dar un paso equivocado y pensando si vale la pena el riesgo que corremos.

Nuestra carga genética nos predispone a tener celos, pero podemos reflexionar sobre si es conveniente desarrollarlos o por contra, nos podemos dejar llevar por un ataque incontrolado de este sentimiento que nos conduzca a actitudes nada positivas para nuestra supervivencia.

Los factores que influyen en tomar una u otra decisión suelen ser diversos: la personalidad de cada uno, la educación recibida y el entorno social suelen ser los elementos que determinan si se es más o menos celoso.

Familia, amigos y entorno social

Dicen los sociólogos que la personalidad de cada individuo se forma por la socialización primaria y la secundaria. La primaria, y más importante, se produce durante los dos primeros años de vida y ya queda para siempre. Es decir, que sobre nuestra personalidad tiene un gran peso, queramos o no, nuestra familia.

En la socialización secundaria intervienen también otros entornos sociales: amigos, escuela, trabajo, etc. Pero no hacen más que acabar de moldear el substrato que ya traemos de nuestra tierna infancia.

Es conveniente, entonces, ante una actitud de celos (ya sean propios o de la pareja) investigar el entorno familiar. Así podrás entender mejor el origen del problema y encontrar alguna solución. Aunque no siempre funciona, precisamente porque quien tiene una actitud celosa que arrastra desde la infancia tendrá graves problemas para superarla con su pareja.

Situaciones como haberse sentido sobreprotegido por los padres puede haber creado un individuo que se cree el centro del mundo y que todo lo que quiere lo puede tener en sus manos. Haber sido menospreciado por la familia en relación con otro hermano es otra situación que, al igual que la anterior, puede generar actitudes celosas que se manifiesten cuando uno es adulto.

El padre del psicoanálisis, Sigmund Freud, todavía diría más. Este psiquiatra afirmaba que los niños (en masculino) en una etapa de su infancia sienten especial atracción por su madre y rechazo hacia su padre porque es su rival. Es lo que se llama complejo de Edipo. Pasa igual entre las niñas y sus padres, y se llama complejo de Electra. Normalmente, niños y niñas superan esos complejos, pero si se mantienen, tenemos todos los números para que se desarrolle un celoso que actuará con su pareja como hacía con su madre/padre: serán de su posesión y rechazará brutalmente a quien se interponga en su camino.

La escuela o los amigos también pueden ser elementos que condicionen a una persona celosa. No se puede decir que el estudiar o salir con determinadas personas creen a un celoso en potencia (ya he comentado que estos rasgos de la personalidad suelen venir de la infancia), pero algunas experiencias traumáticas en la escuela o con el grupo de amigos pueden hacer detonar lo que llevamos dentro. Por ejemplo, sentirse rechazado por algún colectivo de compañeros hace aumentar la necesidad de compañía y a veces, las parejas de personas que han pasado por estas situaciones sufren presión porque el susodicho tiene miedo al rechazo o al abandono.

Una educación escolar muy rígida y competitiva en personas con falta de autoestima también puede provocar que aumente la inseguridad personal y éste es uno de los motivos fundamentales de los comportamientos celosos con la pareja. Al sentirse insegura, esa persona pensará que no es suficiente para el otro y siempre estará obsesionada por un posible abandono. Éste suele ser el detonante más claro de los celos.

Pero sin duda, el pasado amoroso es el que más puede marcar. La mayoría conocemos a alguien que tras varios engaños no puede volver a confiar en nadie o que piensa que todos los hombres (o mujeres) son iguales... Tus relaciones y tus parejas te conviertes en lo que eres.

En resumen, tus amigos, tus compañeros o la escuela a la que has ido seguramente te han marcado en algunos aspectos de tu carácter y tu forma de ser. Pero si eres una gran celosa, tendrás que buscar casi con toda seguridad en tu infancia el motivo de este sentimiento incontrolado. Los condicionantes socio-culturales son importantes para desarrollar los celos, pero raramente suelen ser los causantes y una misma situación puede despertar en una persona los celos, mientras que en otra no.

Mía y sólo mía

Un comportamiento socio-cultural que es caldo de cultivo de los celos son las actitudes machistas que todavía se viven en la sociedad. Aunque muchas de vosotras penséis que los hombres machistas son de otra generación y que ahora el papel de la mujer y del hombre están al mismo nivel, ¡nada más lejos de la realidad! Así que partiré de la teoría, que considero del todo cierta, que todavía hay mucho machista suelto e incluso mucha mujer más machista que los propios hombres.

Cuando los amigos o familiares son muy machistas, cuando el hombre es el que manda y dirige y la mujer sumisa es la que obedece, ésta es propiedad del hombre y en muchos casos ella misma así lo acepta. Es fácil que estos hombres, o los que están rodeados por personas que son así, reaccionen con celos ante determinados comportamientos de la mujer. Simplemente, por ejemplo, que ella se dedique a alguna actividad que pueda quitarle tiempo a su dedicación exclusiva al marido.

¿De qué estoy hablando? Pues de hombres que sienten celos porque sus mujeres quedan con las amigas para tomar un café. Y ya no te explico si has quedado con un amigo... ¡Pueden saltar chispas! O tienen celos de que su mujer se apunte a un gimnasio, porque eso le ocupa demasiado tiempo. Y muchos otros ejemplos.

Y ¡qué decir de aquel hombre que todo el día tiene que escuchar a sus amigos o a sus padres diciéndole: «¿Cómo permites que tu mujer pase tanto de ti? ¿Cómo dejas que tu mujer salga con sus amigos mientras tú te quedas haciendo la cena?»

Este comportamiento está generalizado en muchas culturas donde el papel del hombre ha sido preponderante durante siglos y ahora, por mucho que nos pese, todavía es difícil igualar a la mujer. Pero pensemos que no todas las sociedades son así, que hay tribus donde las mujeres son las que mandan y deciden. ¿Podremos lograr algún día la sociedad en que ninguno de los dos lo haga? ¿Existirá la sociedad con igualdad absoluta?

En conclusión, el machismo, como elemento desencadenante de los celos es completamente socio-cultural, no genético. Contra él sí que podemos luchar, aunque será difícil. Así que si quieres luchar contra los celos de tu pareja, empieza primero por analizar si tienes a un machista en casa.

El bombardeo de la televisión

Cuando leas lo que a continuación voy a explicar, pensarás que me estoy contradiciendo porque este apartado va de cómo los medios de comunicación generan actitudes celosas. Anteriormente, he dejado claro que el entorno social no crea los celos sino que en muchos casos los despierta.

Pero no, no me estoy contradiciendo. Los teóricos de la comunicación han llegado a la conclusión de que los medios influyen en la medida que transmiten cosas con las que estamos de acuerdo. Me explico. Pensemos por ejemplo en política. Si tus ideales son de izquierdas, seguramente no leerás un periódico de derechas. Y te creerá lo que diga tu periódico de izquierdas y te condicionará.

La televisión se ha convertido en el medio de comunicación que más influye en nuestras vidas, aunque nosotras siempre digamos que no, que no le hacemos caso. Y es en la televisión donde aparecen multitudes de actitudes celosas que consideramos normales, que no nos espantan y que interiorizamos, porque solemos hacer caso de lo que dice. Tal vez seleccionemos un canal u otro por afinidad de gustos, pero el tema de los celos está presente en todos.

Y es que los celos son el argumento principal de multitud de series de televisión, películas, programas de prensa rosa, incluso de noticias trágicas, en las que hombres matan a mujeres por celos. Los celos venden y por eso, a lo largo de la historia han sido los protagonistas de grandes tragedias de teatro y novelas de reconocidos autores.

Los medios de comunicación, sobre todo la televisión, no hacen más que inculcarnos que los ataques de celos son totalmente normales. Si los ricos y famosos tienen ataques de celos y venden exclusivas por ello, ¿por qué no podemos tenerlos nosotros?

Con todo esto quiero decir que, a veces, más que los amigos, la escuela o el trabajo, la televisión nos influye para acabar siendo más celosos de lo que pensábamos.

Claro que, según esto, todos tendríamos que ser súper celosos. No me cansaré de decir que los condicionantes genéticos y la socialización primaria son los que crean el sustento de los celos y que todo lo demás no hará más que desarrollarlos.

¿Celosa yo?
¡Anda ya!

Ser celosa es algo más habitual de lo que parece. Quien más quien menos ha sentido alguna vez una punzada de angustia en el estómago o una opresión en el pecho al descubrir a su compañero coqueteando con otra mujer o, lo que es peor, con varias mujeres. La presencia de una intrusa, de alguien que se interpone entre vosotros, actúa como el disparador de unos celos latentes que estaban adormecidos. Ahora se hacen evidentes. No estás hecha para los triángulos amorosos y no estás dispuesta a compartir a tu chico con nadie.

Nuestra cultura ha promovido las relaciones monógamas y cualquier otra opción nos parece fuera de lo normal. Sin embargo, en otras culturas la poligamia y la poliandria (un hombre con varias mujeres y una mujer con varios hombres) son bastante corrientes. Para nosotras, cualquier persona que se cruce en el camino de nuestra pareja es el gran enemigo a batir. No nos damos cuenta de que ese enemigo está dentro de nosotras mismas: son nuestros propios celos provocados por la inseguridad, el temor a perder a la persona querida y la baja autoestima. Brotan desde nuestro interior y los proyectamos hacia una intrusa (a menudo imaginaria) o hacia el compañero. Los culpamos de nuestros celos. Todo, antes de admitir que las celosas somos realmente nosotras.

Es cierto que hay compañeros y hechos concretos que pueden despertar en una mujer esos atávicos y desagradables sentimientos, pero la mayoría de las veces no ocurre nada externo que justifique su aparición. Nuestro propio interior necesita una buena limpieza. Tú puedes trabajar y modificarlo. Por esta razón, te hablaré ahora de dos factores que pueden precipitar los celos: la inseguridad y la baja autoestima.

La inseguridad

Hay personas que son inseguras por naturaleza. Les cuesta tomar decisiones y se sienten como un funambulista, en constante peligro de perder el control y el equilibrio. Cuando se embarcan en una relación afectiva, lo más normal es que, tarde o temprano, su inseguridad salga a flote y teman perder a la persona amada. Es posible que piensen que el vínculo establecido con ella no es firme y que algún acontecimiento o persona pueda quebrarlo en cualquier momento.

Noelia, una amiga de una amiga (aunque suene a tópico), reconocía sentirse así: «Cada vez que mi marido sale por la puerta temo que se encuentre a su ex en la calle. Vive en el barrio. Es muy guapa y él estuvo muy enamorado de ella. Aunque me jura siempre que no la ha visto y que ahora me quiere a mí y le gusto yo, no puedo dejar de pensar que me miente. Me avergüenzo de mí misma porque le he pedido a la dependienta del bar y del café más populares de la zona que si los ven juntos me lo digan. Me siento muy insegura y he pensado en buscar ayuda profesional. No puedo vivir en esta constante zozobra».

La inseguridad de las chicas como Noelia procede de su propio interior, de su imaginación. Sufren imaginando lo que aún no ha sucedido y, es más, lo que en muchos casos probablemente no sucederá. Sin embargo, otras veces la inseguridad nace de un hecho del pasado que marcó su existencia. Una infidelidad, una traición, una ruptura o un abandono mal curados pueden arrastrarse durante años, impidiéndonos rehacer nuestra vida sentimental. ¿Y quién está libre de una de ellas?

Los top ten

Hechos que pueden despertar tus celos o incrementarlos:

1. Una infidelidad de tu pareja actual.
2. Una infidelidad propia.
3. Tu pareja te dejó por tu mejor amiga.
4. Tu compañero te dejó por su ex.
5. Él te utilizó para conocer a la amiga que, en realidad, le gustaba.
6. Te ocultó una relación paralela.
7. Te ocultó que era homosexual.
8. Una anterior relación te dejó plantada el día de la boda.
9. Te puso los cuernos en la despedida de solteros.
10. Tu hombre se fue con una mujer más joven.

Algunas de estas experiencias pueden resultar muy traumáticas. Es posible superarlas, pero también es muy probable que, de vez en cuando, una vocecilla interior te diga que todo se puede volver a repetir. La huella que dejan las infidelidades propias (haciéndonos ver que todos somos de carne y hueso y que podemos caer en la tentación en el momento menos pensado) y la impronta de las infidelidades de la pareja pueden crear un profundo sentimiento de inseguridad y falta de confianza en las relaciones. Puede que personas que no eran celosas a priori descubran que sí lo son a raíz de una de estas dolorosas y amargas experiencias. Estas situaciones despiertan la celosa que llevamos dentro desde que nacimos y entonces dejamos de controlar los sentimientos y reacciones.

Si has pasado por ello, o aunque no lo hayas hecho, debes comprender que los celos son la demostración o expresión de que no estás curada del todo. A continuación, te propongo que pienses en las siguientes afirmaciones o mantras para sanarte. Puedes seleccionar alguna de las propuestas que te hago o crear tu propia frase, aquélla que ayude a tu espíritu, para ganar cada día más en confianza y seguridad.

Afirmaciones de **seguridad**

- Me siento más y más segura cada día.
- Me siento segura y relajada con mi compañero y conmigo misma.
- Confío plenamente en mí misma y en mi compañero y disfruto de la vida.
- Soy la mejor para mí y para mi compañero.
- Amo y soy amada por mi compañero.

Es importante que escribas tu nombre para identificarte cada vez más con el mensaje de la afirmación, de modo que forme parte de tu personalidad. Debes ir repitiendo estas afirmaciones tanto como puedas: cuando estés a solas, al levantarte, al acostarte... para ir ganando en seguridad y modificar los esquemas mentales que te llevan a sentirte insegura y celosa.

Además de practicar las afirmaciones propuestas, te planteo que reflexiones sobre los argumentos que ahora te expongo, pues existen numerosas razones para ganar en seguridad con tu pareja:

- Todas las personas no son iguales y, por tanto, no todas son infieles.
- Una infidelidad del pasado (tuya o del otro) no tiene por qué volver a repetirse en el futuro.
- Tras una mala experiencia amorosa, muchas personas consiguen una relación de pareja maravillosa que las hace sentirse seguras. ¿Por qué no vas a ser tú una de ellas?

■ Los celos no evitarán que una persona cometa una infidelidad pero si conseguirán hacerte sufrir a ti.

■ Una persona que reincide en la infidelidad no merece que estés celosa por ella.

La baja autoestima

Baja autoestima e inseguridad, en realidad, están muy relacionadas. Con frecuencia, una persona con baja autoestima se siente insegura y, al revés, alguien inseguro es probable que tenga una baja autoestima. Dicho en términos sencillos, baja autoestima es sinónimo de amarse poco o de no valorarse a uno mismo.

La percepción de la autoestima puede fluctuar a lo largo de la vida. Cuando una persona atraviesa un bache vital, como la pérdida de una pareja (ya sea por un tercero o no) o de un empleo, es posible que su autoestima se resienta, que esté más abatida de lo habitual. La fragilidad de este sentimiento, permeable a altibajos, probablemente guarde relación con la cultura de la sociedad en que vivimos. Desde la infancia, se nos ha inculcado que la valía personal se relaciona con los méritos externos. En la escuela, las notas dan la pauta de lo que valemos como estudiantes; fuera de ella, el puesto de trabajo que conseguimos, el dinero que ganamos y con quién nos casamos son las pruebas palpables de nuestro triunfo personal en la vida.

Según esta cultura, tener un buen partido (un hombre guapo, con dinero, una buena posición social...) es una demostración contundente de lo que valemos. Seguramente habrás oído más de una vez que «Fulanita está con Menganito. Es que se lo merecía». Una sociedad centrada en el tener y no en el ser, nos hace un flaco favor. Muchas personas acaban creyendo que no valen nada si no consiguen todo aquello que en los esquemas sociales actuales se considera sinónimo del éxito personal. Tienden a valorarse por los méritos externos y no por su propia valía intrínseca, por su esencia, por lo que valen como seres humanos.

Silvia me hablaba en estos términos: «En el colegio sacaba muy buenas notas. Siempre me esforcé. Estudiaba horas y horas. Era la típica empollona, pero tenía la suerte de que caía bien a la gente. En la enseñanza superior no conseguí rendir al mismo nivel. Aunque mis notas eran buenas, no eran excelentes. Después, en el trabajo, he alcanzado un puesto medio y no tengo un salario muy brillante. Me pregunto dónde quedó toda aquella inteligencia que tenía en la infancia. A veces me siento una incapaz que ha perdido facultades memorísticas, competencias profesionales y esto repercute en mi vida de pareja y en mi vida personal. Temo que mi marido se fije en otra mujer más inteligente. Este pensamiento me asalta de tanto en tanto y me impide estar tranquila cada vez que tiene una reunión de trabajo. A menudo siento celos de sus compañeras de la oficina».

El testimonio de Silvia podría coincidir con el de muchas mujeres, especialmente aquellas que no tienen una profesión similar a la de sus compañeros o maridos o que conviven con un «cerebrito».

Las mujeres como Silvia seguramente no habrán caído en la cuenta de que sus novios, compañeros o maridos no las escogieron para trabajar o porque fueran unas profesionales brillantes. Ése no es un elemento esencial en la vida de pareja. Las eligieron para ser sus mujeres, por un sinfín de cualidades que seguramente han visto en ellas: belleza, bondad, buen fondo, compañerismo, cultura, conocimientos, espíritu alegre, capacidad de empatía, ayuda y apoyo. Un sinfín ¿no crees?

Por lo tanto, es erróneo caer en la baja autoestima por la ausencia de los méritos externos que la sociedad actual nos vende como importantes. Además, la mujer con baja autoestima tiende a no creer en los piropos y palabras cariñosas que su compañero le lance.

«Margarita, ojito, no vayas por el sol, porque los bombones se derriten». Una amiga me contó que su marido le había regalado este piropo tan asombroso en su primer día de las vacaciones de verano. Pero el piropo acabó en una disputa. Él le aseguró que se lo había dicho porque estaba contento, se sentía relajado ante la perspectiva de las vacaciones, y, además, le juró y perjuró que ella estaba muy favorecida, con su moreno veraniego. Pero Margarita desconfió: «Seguro que lo tienes estudiado y se lo dices a más de una, cuando la ves pasar por delante de la oficina». La reacción, sin duda, no es aislada. Margarita no es ni la primera ni la última mujer que no cree en los agradables comentarios de su pareja, simplemente porque no aprecia en sí misma su belleza física e interior.

Por eso, mantener a tono la autoestima es fundamental. Al igual que con la inseguridad, te propongo que te «repitas» unas frases para elevar tu autoestima. Margarita probó un par de ellas y me confesó que le habían funcionado.

Afirmaciones para levantar tu autoestima

- Me siento guapa e inteligente porque lo soy.
- Creo los piropos que me lanza mi compañero porque son ciertos.
- Confío en los elogios de los demás porque tienen fundamento.
- Soy la mejor y trabajo para ser todavía mejor.
- Recibo con naturalidad las alabanzas de los demás y las acepto.

Además de ponerlas en práctica, te sugiero que reflexiones acerca de los siguientes argumentos por los que deberías realizar gimnasia de autoestima y procurar tenerla bien alta:

- La autoestima debe nacer dentro de ti y no ser producto de un mérito externo. De lo contrario, siempre sufrirás altibajos, dependiendo de tus logros externos.
- Cuando dejas de recibir elogios, tu autoestima decae. Entras en una espiral que se retroalimenta. Tu autoestima cae porque no te piropean y como no te piropean te sientes poco valorada.

■ Si cada vez que recibes un elogio, contestas mal y lo rechazas, dejarás de recibirlos.

■ La falsa modestia que te lleva a rechazar los elogios en realidad es soberbia. Reconoce tus talentos.

■ Una persona con baja autoestima no es capaz de captar los cumplidos de los demás ni de creérselos, aunque sean ciertos.

¿Soy celosa o envidiosa?

Ya hemos visto en el primer capítulo qué son los celos, un temor que surge ante el temor de perder algo que se tiene. En cambio, la envidia se relaciona con el deseo de conseguir algo que no se tiene. En cualquier caso, ambas emociones están relacionadas con el anhelo de posesión. Cuando se sufren celos, el objetivo es no perder aquello que se posee. Y cuando se sufre envidia, el deseo es conseguir lo que no se tiene. Por lo tanto, podría afirmarse que son dos caras de una misma moneda: la cara y la cruz.

Es bastante probable que si eres celosa, también hayas sufrido más de una vez la enfermedad de la envidia o hayas sentido ambas cosas a la vez: celos y envidia. En los próximos epígrafes vamos a analizar ambas cuestiones con la ayuda de dos test orientativos que, en ningún caso, debes considerar definitivos, sino que deben servirte como una orientación para conocer tu perfil.

Diferentes niveles

Algunas mujeres conocen desde siempre su condición de celosas, otras la desconocen o se niegan a reconocer que lo son. ¿Te suena? ¿En qué fase crees que te hallas? Te propongo averiguarlo con un pequeño test que tiene el propósito de invitarte a pensar acerca de si eres o no una de ellas.

Te propongo que contestes SÍ, BASTANTE, UN POCO o NO a las siguientes preguntas:

1. Te disgusta que tu pareja lance un piropo a una amiga.
a) Sí   c) Un poco
b) Bastante   d) No

2. Sientes que eres el segundo plato cuando él «le suelta» a una amiga «estás muy guapa».
a) Sí   c) Un poco
b) Bastante   d) No

3. No quieres que tu pareja quede sólo con amigas para ir a una fiesta.
a) Sí   c) Un poco
b) Bastante   d) No

4. Te gusta atarle corto.
a) Sí   c) Un poco
b) Bastante   d) No

5. No te molesta que te controle.
a) Sí   c) Un poco
b) Bastante   d) No

6. Los demás te dicen que eres celosa, pero no estás de acuerdo.
a) Sí   c) Un poco
b) Bastante   d) No

7. De pequeña eras celosilla, pero ahora se te ha pasado.
a) Sí   c) Un poco
b) Bastante   d) No

8. Odias que tu pareja alabe las cualidades físicas de otra mujer, aunque sea inalcanzable, como una actriz o una modelo.
a) Sí   c) Un poco
b) Bastante   d) No

9. Te vistes provocativamente cuando sales sola a la calle para llamar la atención de tu compañero y conseguir que se ponga celoso.
a) Sí   c) Un poco
b) Bastante   d) No

10. Detestas que tu pareja invite a una amiga a casa sin avisarte y más si la consideras guapa.
a) Sí   c) Un poco
b) Bastante   d) No

11. Aborreces que dedique más tiempo a ver el fútbol, a su trabajo o a sus aficiones, que a ti.
a) Sí   c) Un poco
b) Bastante   d) No

12. Piensas que tu compañero puede salir con quien quiera y cuando quiera.
a) Sí   c) Un poco
b) Bastante   d) No

13. Te sientes segura con tu pareja y tienes la certeza de que no te va a engañar.
a) Sí   c) Un poco
b) Bastante   d) No

14. Desconfías a menudo de tu compañero.
a) Sí   c) Un poco
b) Bastante   d) No

15. Tienes miedo de que navegue por Internet porque puede que esté chateando con algún ligue virtual.
a) Sí   c) Un poco
b) Bastante   d) No

16. Tienes celos de sus aventuras y amores pasados.
a) Sí   c) Un poco
b) Bastante   d) No

17. Estás convencida de que eres la mujer más maravillosa del mundo para ti y para tu compañero.
a) Sí   c) Un poco
b) Bastante   d) No

18. Necesitas que tu pareja te adule continuamente y te diga que eres la más bella entre las bellas que hay sobre la faz de la Tierra.
a) Sí   c) Un poco
b) Bastante   d) No

19. Has llegado a espiar a tu pareja y a buscar marcas de labios, perfumes y mensajes sospechosos en su móvil o lista de correo.
a) Sí   c) Un poco
b) Bastante   d) No

20. Has pedido a algún amigo de confianza información extra de todo lo que hace cuando no está contigo. Tienes topos en su trabajo y en su red de amigos.
a) Sí   c) Un poco
b) Bastante   d) No

Resultados:

■ **Más de 10 SÍES.** Es más que probable que seas celosa. Aunque este cuestionario no sea suficiente para certificarlo, sabes en tu fuero interno si lo eres o no. Si te has sorprendido al obtener tantas respuestas afirmativas, tal vez sea un buen momento para buscar la ayuda de un profesional. O si no lo crees conveniente, tal vez sea bueno que lo consultes con las personas de más confianza y allegadas. Pídeles que te digan, con honestidad, si te ven celosa o no. Probablemente, ellas tendrán una visión mucho más realista de tu comportamiento. Saberlo te permitirá aceptarlo y controlarlo.

■ **Más de 10 NOES.** Casi con toda seguridad no eres celosa. Estás bastante segura de ti misma y de tu pareja. ¡Enhorabuena! De todos modos, sincérate y analiza si de verdad nunca has sentido su mordedura. Lo más habitual es que la mayoría de las personas no se hallen en ninguno de los dos extremos. La mayoría no somos ni celosas patológicas, ni de aquellas a las que no les importa nada.

■ **Más de 10 BASTANTES.** Te aproximas bastante al perfil de celosa, pero no llegas al grado extremo de quien reconoce abiertamente con un «sí» que lo es. Deja reposar el resultado del test y vuelve a repetirlo al cabo de cierto tiempo. Respóndelo con sinceridad. De esta forma, podrás confirmar el resultado o tal vez descubras que, en realidad, no fuiste capaz de «mojarte» en la primera ocasión y que eres más celosa de lo que creías. La respuesta con varios «bastantes» podría estar enmascarando el reconocimiento de que lo eres.

■ **Más de 10 UN POCO.** Más de «un poco» significa que tu pareja te importa y que, como muchos seres humanos, no puedes dejar de sentir ciertos «celillos» cuando alguna mujer se le acerca o cuando se le salen los ojos de las órbitas al contemplar los movimientos sinuosos de Shakira o de alguna otra cantante que aparece contoneándose en la pequeña pantalla.

Sea cual sea el resultado, tal vez podrías volver a repetir el test siguiente, relativo a la envidia, pues la pretendida envidia sana no es tal. La envidia es envidia. Los celos son celos. Y en principio nunca son sanos, aunque sentir una pizca tampoco pueda considerarse patológico.

Observa si los resultados se pueden superponer a los del anterior cuestionario, relativo a los celos. También en este caso, puedes contestar SÍ, BASTANTE, UN POCO o NO.

1. Sientes envidia de las compañeras de trabajo de tu marido porque él las ve bien arregladas, en pleno apogeo del día, y a ti te ve desgastada y en bata cuando llega a casa.
   a) Sí   c) Un poco
   b) Bastante   d) No

2. No pierdes ni dos segundos pensando en si las otras mujeres que rodean a tu marido son bellas o no, porque te sientes segura con tus cualidades físicas.
   a) Sí   c) Un poco
   b) Bastante   d) No

3. Envidias el entorno profesional de tu propio marido y crees que tu vida es poco interesante.
   a) Sí   c) Un poco
   b) Bastante   d) No

4. Sueñas con tener los cuerpos musculados de las mujeres que van al gimnasio de tu marido.
   a) Sí   c) Un poco
   b) Bastante   d) No

5. Quisieras ser como aquellas mujeres que pueden pagarse unos arreglillos en la clínica de cirugía estética de más prestigio de la ciudad.
   a) Sí   c) Un poco
   b) Bastante   d) No

6. No te interesa para nada la esclavitud de la estética.
   a) Sí   c) Un poco
   b) Bastante   d) No

7. Te gustaría tener el mismo don de gentes y nivel de instrucción que las personas que forman parte del círculo de tu compañero para encandilarlo.

a) Sí   c) Un poco
b) Bastante   d) No

8. Deseas que tu compañero, en vez de ser un patán, sea tan inteligente y exquisito como el de tu mejor amiga.

a) Sí   c) Un poco
b) Bastante   d) No

9. No envidias a las parejas que se pasan la vida fuera de casa, porque tienes un hogar maravilloso y disfrutas de él en excelente compañía.

a) Sí   c) Un poco
b) Bastante   d) No

10. No miras de reojo a los maridos o compañeros de tus amigas porque consideras que el tuyo es el mejor.

a) Sí   c) Un poco
b) Bastante   d) No

11. Anhelas ser como las parejas que viajan, esquían cada fin de semana y salen a cenar porque tú y tu pareja tenéis poco poder adquisitivo.

a) Sí   c) Un poco
b) Bastante   d) No

12. Envidias a tus amigas porque tienen hijos muy guapos y medio creciditos y tú aún no has cumplido tu deseo reproductivo.

a) Sí   c) Un poco
b) Bastante   d) No

13. No envidias a tus amigas madres para nada porque disfrutas a tope de tu libertad y piensas que ya llegará tu momento para ser madre.

a) Sí   c) Un poco
b) Bastante   d) No

14. Te gustaría tener el carácter alegre de tu mejor amiga, pero siempre estás malhumorada.

a) Sí   c) Un poco
b) Bastante   d) No

15. Estás a gusto con tu vida. No te hace falta cambiar nada.

a) Sí   c) Un poco
b) Bastante   d) No

16. Mueres por la vida de tu vecina, que está casada, tiene dos hijos, tiene un buen empleo y una casa gigantesca con una hermosa piscina en la que refrescarse.

a) Sí   c) Un poco
b) Bastante   d) No

17. Envidias las artes culinarias de tu suegra, mientras que tú eres incapaz de contentar al estómago de tu compañero del mismo modo.

a) Sí   c) Un poco
b) Bastante   d) No

18. Eres implacable con las mujeres que tienen éxito con los hombres porque crees que tú no lo tienes y que eres una fracasada en las lides amorosas.

a) Sí   c) Un poco
b) Bastante   d) No

19. Eres feliz con tu forma de ser y, aunque reconoces tus defectos, tratas de pulirlos y piensas que puedes controlarlos.

a) Sí   c) Un poco
b) Bastante   d) No

20. Envidias a las mujeres jóvenes o de mayor edad. Tu edad te parece poco interesante o atractiva para los hombres.

a) Sí   c) Un poco
b) Bastante   d) No

Responde con sinceridad a estas preguntas y reflexiona sobre ellas, para obtener resultados lo más fidedignos posibles.

■ **Más de 10 SÍES.** Es más que probable que seas envidiosa, que tiendas a anhelar lo que los demás tienen, en lugar de concentrarte en lo que tú tienes. Debes empezar a valorar lo que posees, en lugar de competir con lo que observas en la vida de los demás. Concentrándote en lo que ellos hacen o tienen, no estás disfrutando de tu propia vida y estás malgastando tu tiempo para mejorarla.

■ **Más de 10 NOES.** Te felicito. Eres una persona satisfecha contigo misma y con tu vida. Amas lo que tienes y deseas ser como eres.

■ **Más de 10 BASTANTES.** Es bastante doloroso admitirlo, pero la realidad es que sientes algo de envidia y estás en esa peligrosa frontera en la que puedes llegar a convertirte en una auténtica envidiosa. Trabaja para intentar no pasar de ahí. Ve tomando conciencia de tu vida, sobre quién eres y cuáles son tus aspiraciones. Normalmente, se envidian logros de otros pero no se ponen los medios para conseguirlos. En lo sucesivo, si quieres estar más musculada, pasa más horas en el gimnasio; si quieres ser más rica, busca un trabajo mejor remunerado o invierte mejor tu dinero; y así, en todas las facetas de la vida. A medida que pongas los medios para mejorarla, te irás sintiendo más satisfecha contigo misma y con tu vida y dejarás sentir envidia por las vidas ajenas.

■ **Más de 10 UN POCO.** Alguna vez sientes envidia. En principio, aunque la envidia nunca es sana, tampoco sucede nada si no pasa a mayores. Puede ser un auténtico estímulo o revulsivo para animarte a mejorar tu vida o ciertas facetas de ella.

Si los resultados de celos y envidia se superponen, no te extrañes, ya que como hemos dicho pueden considerarse como la cara y cruz de cierto tipo de sentimientos u obsesiones desagradables, como el haz y el envés de una hoja. Lo importante es que estos test sean el punto de partida de tu reflexión para intentar controlarlos. Tanto si eres celosa o envidiosa como ambas cosas a la vez, puedes mejorar e incluso cambiar. No niego que no requiera esfuerzo, pero todo es posible.

Celosa... ¿de qué?

Toma una libreta y anota en qué tipo de situaciones salen a la luz tus celos y tu envidia. Dicho de otro modo, escribe:

- ME PONGO CELOSA CUANDO...
- SIEMPRE QUE...
- SIENTO ENVIDIA DE... TAL PERSONA
- SIENTO ENVIDIA DE... TAL COSA

Contesta sinceramente: nadie más que tú tiene por qué ver los resultados. Son para ti. En cuanto lo acabes, puedes tirarlo a la basura. Se trata de que te sea útil y te permita identificar en qué situaciones o ante qué hechos o personas se disparan tus celos y tu envidia.

Aunque en este capítulo sólo me he centrado en hablarte del temor a la pérdida de la pareja o a la intromisión de una tercera persona, existen otros tipos de celos y envidias. Si detectas que tienes problemas en los primeros, seguro que tarde o temprano se reproducen en otras facetas de tu vida. En el ámbito profesional, en el familiar o con tus amigas también puedes padecer los mismos ataques. ¡Vigila! Te pueden dañar mucho y crear grandes desequilibrios en tu vida.

Todos los excesos
son malos

Claro está que existen celos y celos. Para aclararnos, tal vez podríamos hablar de celos y celillos. Digamos que los celos en mayúscula son los celos patológicos, los que no os dejan vivir ni a ti ni a tu pareja. Los celillos, hasta cierto punto, no son malos del todo; siempre que no se te escapen de las manos y se conviertan en celos. Los celillos te dan la pista de que alguien te importa. Probablemente te guste que alguien sienta ciertos celillos por ti. Sería la prueba de que le importas, de que desea que seas su pareja, y no la de otros.

El popular actor Antonio Banderas reveló en cierta ocasión a la revista *Hola* cuál era el secreto del éxito de su matrimonio con Melanie Griffith, con la que lleva casado desde 1996: «Los celos moderados». Él dijo ser más celoso que ella, pero ella ha demostrado públicamente en más de una ocasión que en ese campo no se queda corta. Quizá podría aplicarse a esta pareja el dicho de «tal para cual». Según Banderas, los celos con mesura mantienen viva la pasión. Ambos estuvieron casados anteriormente y parecen haber aprendido cómo mantener viva la llama del primer año en pareja.

Ellos no perciben como negativo este ingrediente en su relación, los celos, pero siempre con mesura, insistió el célebre actor malagueño. La moderación debería aplicarse muy a menudo en la vida, aunque sea difícil. Es habitual que nos quedemos cortos o nos pasemos de la raya en muchas cosas, cuando la verdadera maestría en la vida y, por supuesto en las relaciones de pareja, está en el equilibrio.

Piensa en una hoguera encendida: da calor en un entorno frío, luz en la oscuridad de la noche; y es fuente de vida y placer, puesto que permite cocinar alimentos a quienes se sientan cerca. Sin embargo, si la hoguera se descontrola (debido a una ráfaga de viento, la falta de vigilancia o por alimentarla con un exceso de material combustible) y el fuego se extiende, un incendio abrasador puede abrirse paso por un hermoso bosque y arrasarlo todo.

Podríamos comparar los celos a la hoguera. Cuando éstos se mantienen dentro de sus límites aportan pasión, estímulo y color a la vida de pareja. ¡Ojo! Hay acontecimientos externos, como una tercera persona, que pueden vapulear a la pareja como una ráfaga de viento consigue cambiar la dirección del fuego. Olvidar las necesidades de tu pareja y descuidarla de forma reincidente puede tener consecuencias fatales, pues la llama del amor se puede apagar, y mantener una vigilancia muy estrecha sobre ella o mimarla demasiado, pueden asfixiarla. Como ocurre cuando el fuego se azuza más de lo necesario y comienza a extenderse.

Ya ves pues, que sobrepasar ciertos límites, puede acabar «quemando» la relación y destruirla por completo. Por esta razón, es importante que si sientes celos o reconoces ser celosa (de acuerdo al capítulo anterior), intentes que éstos se queden sólo en eso, en celillos.

Los celos, en su justa medida

Podríamos considerar tres categorías de celos, según la intensidad con que cada persona los siente: los celillos o celos «sanos», los celos moderados, o los celos patológicos e insanos. Esta clasificación debe tomarse como un marco de referencia y nunca como un dogma. En nuestro fuero interior, todas podemos ser sinceras con nosotras mismas y saber a qué categoría podríamos inscribirnos en este momento. Las consecuencias de una y otra para nuestras vidas son muy diferentes.

No obstante, si ahora has considerado que sólo eres celosilla, tal vez es porque aún no te haya sucedido nada en la vida que te demuestre cuán capaz eres de comportarte como una auténtica celosa. O al revés, si piensas que tu situación se ajusta más a la de celosa patológica, tal vez sea porque no has conocido a la persona adecuada que te dé seguridad y confianza total.

¿Qué quiero decirte con esto? Que cruzar la frontera entre una y otra categoría es muy fácil. No son inamovibles, sino totalmente reversibles. Traspasar la frontera de los celos *light* a los peligrosos celos patológicos puede ocurrir en un instante.

¿Cómo distinguirlos?

Aquí tienes una lista de situaciones típicas, ni mucho menos exhaustiva, sino indicativa, que te puede ayudar a saber a qué categoría de celosa perteneces, según la intensidad con que los sientas. No te he apuntado más situaciones, porque la lista sería interminable y, como te he dicho anteriormente, la sinceridad con una misma es el mejor baremo para saber dónde te encuentras.

Celillos sin más

- Tienes cierto temor a que tu chico se enamore platónicamente de una de sus actrices favoritas.
- Te disgusta que le diga a una amiga que está muy guapa (aunque sepas que lo hace por cortesía) y que no te lo diga a ti.
- Te molesta si repasa en voz alta los nombres de sus actrices preferidas y te dice lo guapas que son.

■ Odias cuando se queda embobado mirando a una chica despampanante delante de ti, aunque no haga nada.

■ No soportas que utilice la palabra «cariño» o «guapa» con una compañera de trabajo, aunque sepas que es pura amabilidad y lo hace sin ninguna intencionalidad.

A medio camino

■ Asaltas a tu pareja en cuanto llega a casa y la sometes a un tercer grado, preguntándole con quién ha ido.

■ Te sientes insegura y piensas que vas a perder el control cuando tu pareja sale con su círculo de amigos y, entre éstos, hay chicas.

■ Si llega tarde del trabajo, temes lo peor: seguro que tiene un rollo en la oficina.

■ Te esmeras en acicalarte y ponerte lo más guapa que puedes cuando vais a salir con un grupo en el que hay amigas que tienen su puntito o son coquetas. Por si las moscas.

■ Cuando vais juntos a una fiesta, permaneces muy cerca de él, revoloteando, no vaya a ser que le pierdas de vista y, justo en ese momento, una «tarántula» lo atrape en sus redes.

Una cuestión patológica

■ Te obsesionas por alguien y no admites que salga con otras personas. Lo mantienes pegado a tus faldas, en tu círculo, e impides que conozca a personas nuevas o se apunte a actividades o cursillos nuevos, especialmente si en ellas hay posibles rivales.

■ Maquinas espiar a tu pareja e, incluso, contactas con un detective privado.

■ Ves señales de engaño e infidelidad de tu pareja en cualquier actividad o movimiento que haga y no por un hecho en concreto (como llegar tarde de la oficina, como hemos dicho antes).

■ En tu cabeza imaginas todo tipo de venganzas: pagarle con la misma moneda e, incluso, agredirlo. Por desgracia, hay personas que no se limitan a imaginar estos actos indeseables, sino que los llevan a la práctica con consecuencias catastróficas.

■ Eres consciente de que los celos te dominan y de que has perdido el control de tu vida. Vives para vigilarle, no duermes, no comes bien y empiezas a notar los efectos físicos, aparte del dolor mental que te perturba.

Si ya has averiguado en qué tipo de celosa encajas, reflexiona sobre lo que voy a decirte a continuación. Las consecuencias de los celos pueden ser muy variables en tu vida, tanto como la intensidad con que los sientes en un momento vital u otro; pueden ir desde la nada a la peor de las consecuencias, como un crimen pasional. Seguramente, considerarás exagerada esta afirmación, pero basta con ojear un poco los periódicos o escuchar las noticias en la radio o la televisión para constatar que éste no es un delito raro sino bastante habitual desde el origen de la humanidad. Por desgracia, los celos suele ser uno de los móviles más típicos de muchos homicidios y asesinatos en los casos más graves y de lesiones físicas y morales, en otros.

Es el caso de una noticia publicada por Santiago Tarín, un periodista de *La Vanguardia*, en 2006. Jordi, un individuo de 58 años, tardó un cuarto de siglo en ejecutar su venganza. Este hombre acumuló celos durante 25 años por una aventura extramatrimonial de su mujer con un conocido. Una mañana se dirigía como de costumbre a sus ocupaciones cuando vio una cara que le resultaba familiar: era el antiguo amante de su esposa 25 años atrás e, ironías de la vida, también había sido su amigo y compañero de trabajo. Al verlo, algo se removió en el interior de Jordi, quien regresó a su casa, cogió el coche y se dirigió al supermercado donde trabajaba su mujer. Allí los vio en la zona de descarga. Empujado por un arrebato de celos, pisó el acelerador y lo atropelló, ocasionándole lesiones por las que tuvo que ingresar varios días en el hospital. Luego alzó un ladrillo y le espetó a su esposa: «¿Ves lo que me has hecho hacer?». Por suerte para ella, finalmente se contuvo y no se lo lanzó. En su sentencia, los jueces consideraron dos atenuantes que rebajaron su condena: Jordi había actuado guiado por la «obcecación» y el «arrebato» propios de una situación celotípica. Estos hechos no son aislados, sino muy habituales en las páginas de los periódicos. La moraleja que podrías extraer de la historia de Jordi es que siempre debes permanecer atenta a tus sentimientos. Una persona celosa nunca sabe cuándo va a estallar; puede que pasen años...

Consecuencias de los **celos**

1. Los celillos siempre pueden convertirse en celos moderados e, incluso, patológicos; basta que un suceso grave, como una infidelidad, irrumpa en tu apacible vida y los despierte. Por lo tanto, si ya los sentías, es lógico que éstos se conviertan en moderados ante un hecho así. Pero una vez superado el desengaño, lo deseable y lo sano es que vuelvas a confiar en la pareja o parejas que tengas en tu vida y no te hayas convertido en una enferma.

2. Los celos moderados denotan un grado más elevado de celotipia (o carácter de celosa) de entrada. Debes permanecer alerta para que ningún acontecimiento ni hecho vital saque a la luz la «supercelosa» que hay en ti, aunque no hayas querido reconocerlo. Si sientes celos moderados, es posible que te resulte más difícil reconducir la situación y volver a confiar en tu pareja o parejas y en comportarte normalmente con ellas otra vez. No obstante, no todo está perdido, debes creer en tu fuerza interior y en que serás capaz de controlar tu primer instinto, sola o con la ayuda de un terapeuta.

3. Los celos patológicos pueden destruir tu vida y la de las personas que te rodean. No importa cuánto daño te haya hecho un hombre ni cuántas veces te hayan engañado, lo verdaderamente importante es que mantengas el dominio de tu vida. Los celos patológicos impiden ver con claridad a quienes los padecen. Nublan la visión de las cosas y conducen a la obsesión por una persona, varias o por ciertas situaciones. Una persona que, de forma reiterada, te provoca para que sientas celos, no te merece, al menos no como tu pareja. Si crees que eres una celosa patológica, todavía con más razón debes acudir a un profesional.

TODOS LOS EXCESOS SON MALOS

Las celosas patológicas deben intentar buscar a parejas que las templen y les den seguridad en lugar de juntarse con la horma de su zapato. Para hallar a la pareja idónea, es crucial trabajar profundamente en tu interior, en la búsqueda de la raíz de tus problemas. Tal vez sean celos mal curados de la infancia por la venida al mundo de un hermano menor en la familia o por el engaño de una pareja anterior. Sea cual sea el origen del problema, créeme, es posible sanarlo.

Otros tipos de celos

Los celos también se pueden clasificar según el momento en el que aparecen. En ese caso, podríamos distinguir tres tipos principales de celos, a los que hace referencia Peter van Sommers en su libro *Los celos*:

- **Reactivos.** Aquellos que sientes o se ponen de manifiesto cuando tu pareja hace o dice algo que te los despierta. La infidelidad es el ejemplo más típico, pero los detonantes pueden ser muchos y variados. La reacción suele ser inmediata. Si te enteras de una infidelidad de tu pareja, allá vas tú con tu ataque de celos a cantarle las cuarenta como mínimo.

- **Preventivos.** Los sientes antes de que tu pareja haga algo que te los produzca, como ir a una fiesta con muchas chicas de buen ver. Los celos preventivos son los responsables de la represión sobre la mujer que, en ocasiones, se ha respaldado por medio de distintas leyes y normas: prohibir que exhiba ciertas partes de su cuerpo, vetarle la entrada a ciertos clubes exclusivos para hombres o forzarla a permanecer virgen hasta el matrimonio.

- **Retrospectivos.** Los experimentas cuando te sientes celosa por las relaciones pasadas que tuvo tu pareja.

Para entender mejor de qué te hablo, te expondré el ejemplo que el propio Sommers describe en distintos capítulos de su obra. El ejemplo, histórico y real, es ilustrativo de que ni el más intelectual e inteligente que vive en este planeta, está a salvo de los celos. Me refiero al famoso escritor ruso León Tolstoi y su esposa Sonia: ambos protagonizaron varios episodios de celos. Tolstoi pidió en matrimonio a Sonia, una de las tres hijas de un médico, cuando tan sólo contaba con 18 años. Ella le admiraba, pues él era conde y un reputado escritor. Tolstoi, que había llevado una vida bastante licenciosa hasta entonces, decidió ser totalmente honesto con ella antes de casarse. Quizá pensó en aquello de «más vale que se entere por mí que por otros de todo lo que he hecho». Sólo una semana antes del enlace le entregó sus diarios para que los leyera. Contenían los relatos de todas sus andanzas y conquistas, donde no faltaban los encuentros con prostitutas, gitanas... y también el *affaire* que había tenido con Axinia, una campesina con la que había tenido un hijo ilegítimo. Aquel acto de sinceridad absoluta despertó los celos de Sonia. Puede que ella percibiera como una amenaza para el presente la conducta escandalosa de su marido en el pasado. Podríamos decir que sintió celos RETROSPECTIVOS.

A pesar de este desagradable episodio, se casaron. Y lo más curioso es que durante su vida matrimonial se dejaban leer sus diarios personales el uno al otro. Sonia fue su abnegada esposa, la copista de sus escritos. Mientras los copiaba, se le saltaban las lágrimas de emoción. Las historias de sus personajes le hacían llorar. ¿Se identificaría con alguna de ellas? El caso es que al principio de su vida conyugal, Tolstoi sintió amor y atracción sexual por su esposa, pero poco después la relación entre ambos se deterioró. El gran temor de Sonia era Axinia. Siempre temía lo peor. Podría decirse, pues, que sintió celos PREVENTIVOS.

En cuanto a Tolstoi, sus sentimientos respecto a Sonia fluctuaban como los de una montaña rusa. Tras la etapa de desinterés sexual y de rechazo que vivió con ella, volvió a recobrar la pasión. El gigante literario despertó y sintió celos de su esposa al percatarse de que ésta se sentía atraída por el pianista y compositor Taneyev. De hecho, en su librito *La sonata de Kreutzer*, Tolstoi relata los celos que un hombre siente por su mujer, cuando ésta se siente atraída por un pianista. Además, en su magistral novela, *Ana Karenina*, los celos también tienen su hueco. E igualmente, Sonia volvió a sentir el fantasma de los celos al sospechar que su marido se sentía atraído por una editora. Podría afirmarse entonces que León y Sonia sintieron celos REACTIVOS.

El ejemplo de Tolstoi y Sonia no es ni mucho menos aislado. Todos podemos recordar el caso del compositor Salieri y los enfermizos celos profesionales que sintió por el genio de la música, Wolfgang Amadeus Mozart, algo que refleja brillantemente la película *Amadeus*. Ningún intelectual está libre de sentir y sufrir el más ancestral e instintivo ataque de celos. No importa cómo seas, cuál sea tu grado de instrucción, tu posición social, puedes ser una bellísima persona (solidaria, involucrada en distintas causas, compasiva o espiritual), pero tener esta pequeña «tara». Espero que este libro te ayude a reconocer que eres celosa, a permanecer atenta para mantener los celos bajo control y que no alteren tu vida ni la de los demás.

Nadie está libre de caer

Por ejemplo, la malograda Lady Di, que falleció después de haber vivido gran parte de su juventud y madurez (se casó siendo una veinteañera, en 1981, con el príncipe Carlos de Inglaterra) presa de los celos que despertaba en ella el amor entre su marido y Camila Parker Bowles. La princesa Diana era joven, bella y esculpía su esbelto cuerpo en el gimnasio. Sin embargo, nada pudo hacer frente a la amante y verdadero amor del príncipe, una mujer mucho mayor que ella, pero con la que Carlos parecía tener muchas más afinidades. La frialdad y el desamor que mostraba el príncipe Carlos hacia Lady Di enturbiaron su vida durante mucho tiempo; era *vox populi* que la princesa padecía bulimia y que protagonizó varios intentos de suicidio, a causa de su desdicha. En numerosos reportajes, salió a la luz pública que había sufrido mucho durante su etapa como miembro de la realeza británica, por culpa de uno de los tríos más famosos de la historia. El divorcio de Carlos y Diana se hizo público en 1996. La princesa murió poco después cuando, por fin, se hallaba en un momento dulce de su existencia, enamorada del egipcio Dodi Al Fayed.

Tras recordarte este caso, la pregunta que te planteo es: ¿valió la pena para Lady Di sufrir por celos durante tanto tiempo? Es cierto que su condición de princesa hizo más difícil su ruptura con el heredero al trono inglés, Carlos. Pero ahora que estás leyendo este libro, seguramente no por casualidad sino porque «los celos» te atañen, tienes la oportunidad de romper con cualquier situación que te esté haciendo daño a ti o a terceras personas.

Eso es lo que hizo otro popular personaje de la realeza, Estefanía de Mónaco, cuando descubrió a su marido, Daniel Ducruet, *in fraganti*, haciendo el amor con otra mujer en una piscina. Las imágenes de Ducruet en su faceta de retozón dieron la vuelta al mundo. La princesa Estefanía no le concedió ni un segundo más de matrimonio al que primero fue su guardaespaldas y después su marido. Quizá se preguntó cómo podía haberle guardado la espalda aquel joven apuesto que, en cuanto ella se giraba, cometía una infidelidad. Después de aquello, Estefanía ha protagonizado sonados amoríos, con mayor o menor fortuna, pero por lo menos no perpetuó una situación que le hubiera hecho aún más daño. Prosiguió con su vida.

Lo cierto es que las revistas del corazón del mundo entero van cargadas de lamentables ataques de celos que pueden hacer perder los papeles a más de una famosa. Además de los luctuosos episodios experimentados por las princesas europeas, otros personajes públicos han protagonizado sucesos que rayan en lo ridículo. Es el caso de una conocida ex cantante extranjera y un mito televisivo de nuestro país. Seguramente recordarás que la primera se lió a tirarle de los pelos a la segunda en un gimnasio. Por unos instantes, ambas dejaron de lado su estilismo y su cuidado look para enzarzarse en una pelea de la que se hicieron eco todos los medios. Puede afirmarse que una de ellas estaba fuera de sí, víctima de los celos. Lo prueban insultos como «*barbie* de geriátrico» que, entre otras lindezas, le lanzó a su contrincante. Y alertó a la televisiva bióloga que no se acercara más a su marido tras haberse aireado el supuesto flirteo entre ambos.

Como ves, la notoriedad pública, la realeza, en definitiva, la posición social no te eximen de perder los papeles. Por este motivo, te remito a que leas el capítulo dedicado a cómo afrontar los ataques de celos, que contiene diversos trucos para evitar este tipo de bajezas en las que sale a flote uno de nuestros instintos más viscerales: defender lo que nos pertenece, nuestra posesión, nuestro «macho» y nuestro territorio.

Nadie, como ves, está a salvo de este tipo de sucesos. No dejes que la furia de un momento empañe tu imagen pública; todos la tenemos. Es aquélla que proyectamos a nuestro entorno. No porque sea importante, sino porque después serás tú la que se sentirá avergonzada y tendrá que volver a conquistar a la gente de su círculo. Y créeme, la reconquista lleva trabajo.

¿Cómo plantar cara a un ataque de celos?

Estás a punto de estallar. Has pasado por delante de un bar y has visto a tu novio merendando con una amiga. Tendría que estar en el trabajo. ¿Será una cita laboral? Podría. Pero no tiene pinta. La chica es demasiado guapa y lleva un buen escote, como a él le gusta. Decides hacer algo horrendo para salir de dudas: espiarle. Te camuflas tras tus gafas de sol y te escondes, como puedes, en una tienda. Él no te ve. Pero tú no das crédito a lo que descubres. Una sonrisa por aquí, una miradita por allá, la manaza de tu novio deslizándose sobre el muslo de esa chica. ¡Cómo ha podido!

Te das cuenta de que esa escenita que acabas de presenciar es la punta del iceberg de la historieta. ¿Cuánto tiempo llevarán juntos? ¿Será ella la única? Una pregunta tras otra se agolpan en tu confusa mente. Estás rabiosa y quieres lanzarte a su yugular en cuanto llegue a casa.

Sucesos de este tipo no son infrecuentes e, incluso, los hay que son peores. Seguro que sabes de alguna amiga que ha pillado a su marido acostándose con otra en su propia cama de matrimonio. No es extraño que los crímenes pasionales hayan inspirado películas, narraciones y llenado páginas de los periódicos en la vida real.

Esos son dos casos extremos y justificables, pero es probable que en numerosas ocasiones hayas estado al borde de un ataque de celos y sin motivos. Sólo fruto de tus inseguridades e imaginación. Si tarda demasiado en volver del trabajo, ya piensas que está con la secretaria; si te trata muy cariñosamente piensas que hay gato encerrado; si lo encuentras con una sonrisa de oreja a oreja y la mirada ida, ya piensas que se ha enamorado. Y claro, en cuanto entra por la puerta, lo cazas y le montas una escenita difícil de olvidar.

Si tiendes a vivir estas situaciones, en este capítulo te propongo cómo apaciguar los ánimos antes de mostrar toda tu ira en un peligroso ataque de celos que no sólo daña la relación con el otro, sino que, sobre todo, te daña a ti misma. Antes de mostrarte celosa, te propongo que te ciñas al siguiente plan.

Plan DDD

Decisión. Puedes seguir adelante con la idea de atacar o no al otro. Toma tus decisiones planteándote las preguntas antiataque de celos:

1. ¿Mis celos son justificados y fundados?
   — Si la respuesta es No, son infundados. ¿Para qué vas a continuar mostrándote rabiosa?
   — Si la respuesta es Sí, porque existe una prueba, pasa a la siguiente pregunta.
2. ¿Me beneficiará atacar a mi pareja?
   — Si la respuesta es No. ¿Para qué continuar con tu plan de ataque?
   — Si la respuesta es Sí, porque exteriorizaré mis sentimientos de rabia, pasa a la siguiente pregunta.
3. ¿Beneficiará al otro?
   — Si la respuesta es No, porque me verá como una persona descontrolada, ¿por qué hacerlo?

— Si la respuesta es Sí, porque comprenderá los motivos de mi enfado, pasa a la siguiente pregunta.

4. ¿Nos beneficiará a ambos?

— Si la respuesta es No, para qué crear un conflicto menor e injustificado que genere un desgaste de pareja, cuando habrá otros conflictos que tendréis que afrontar y son muchos los que pueden surgir a lo largo de la vida.

— Sí la respuesta es Sí, porque sacaremos nuestra ira, pasa a la siguiente pregunta.

5. ¿Cuál es el objetivo de mi ataque?

— Ésta no es una pregunta de respuesta sencilla (Sí o No), sino una invitación a pensar si todavía no estás convencida, si vale la pena seguir adelante con esa demostración de celos.

Diálogo. Hay otras fórmulas más útiles para hacer frente al ataque de celos, el siguiente paso es el diálogo con tu pareja para solucionar el conflicto. Recuerda que hablando la gente se entiende.

Decálogo. Si el diálogo no ha funcionado, te sugiero que te acojas a los siguientes trucos para frenar tus impulsos:

- **Cuenta hasta diez** antes de montar una escenita, vociferando y rompiendo vuestras fotografías de pareja. Después lamentarás el destrozo que has hecho en el álbum que tanto tiempo te llevó montar.
- **Ten un cojín a mano** para darle fuertemente con los puños y deshacerte de tu ira.
- **Sal a correr a la calle** y libérate de la energía negativa que corre por tus venas.
- **Llama a un amigo** de confianza y desahógate.
- **Ponte música a tope** y haz una tabla de ejercicio aeróbico: amansa a las fieras.
- **Cómprate un saco de boxeo** y golpéalo con fuerza a lo *Million Dollar Baby*.

- ◼ **Acude a un psicólogo,** terapeuta o especialista de pareja y pídele que te ayude a analizar tus problemas.
- ◼ **Crea un mantra** que te relaje en estas situaciones y vaya bien con tu personalidad. Recítalo para tus adentros o en voz alta antes de lanzarte al ataque. Se te irán las ganas.
- ◼ **Ve a un espacio al aire libre y chilla**, saca toda la energía negativa que llevas dentro.
- ◼ **Siéntate con tu pareja y charla con ella.** El diálogo nunca debe dejar de intentarse.

Si después de probar el plan DDD no funciona, no te desesperes. Las cosas no siempre funcionan a la primera. Date una segunda oportunidad, una tercera, y etcétera. Vencer tus impulsos es un trabajo de fondo, de largo recorrido. Pide comprensión a tu pareja y, si lo consideras necesario, consulta a un psicoterapeuta para que te ayude a vencer tus celos y tus desorbitados ataques. Aunque parezca mentira, todo es posible.

Los gritos y alaridos de mi vecina Laura cada vez que su marido volvía de salir con sus amigos resonaban por toda la escalera. Los vecinos estábamos hartos de sus ataques de celos. Un día decidí subir a hablar con ella. Me encontré a una mujer rota, que me abrió su corazón de par en par y me confesó que sus ataques habían minado su relación con Pedro, su marido, hasta tal punto que él le había pedido el divorcio. Le sugerí que viniera a verme y que le daría algunos trucos para vencer su ira y rehacer su relación. Ella me dijo que ya era tarde, pues él se había ido de casa. «Llámale», le dije. «Pídele una segunda oportunidad y aplica el plan DDD. Explícaselo. Debes encontrar utilidad en alguno de los trucos de este plan. Si os queréis, debéis intentarlo», le añadí.

Ella tomó nota y así lo hizo. Pedro volvió a casa. Los gritos de Laura, aunque no cesaron de inmediato, se fueron suavizando. Los ataques se fueron espaciando. Y, tras un año o año y medio, debo decir que en el 4ºB de la comunidad, las aguas volvieron a su cauce. El vecindario respira una paz total. Laura ha sido capaz de controlarse gracias al DDD y al yoga.

Juana la Loca, un caso de psicólogo

A veces no resulta tan fácil curar a una mujer celosa con mayúsculas. Por eso insisto en que busques la ayuda de un psicólogo o un psiquiatra si las propuestas de este libro no bastan para ayudarte. No consientas que tus ataques de celos se vuelvan «crónicos». Las enfermedades crónicas son más difíciles de curar. En sus inicios se pueden tratar, controlar y, muchas veces, curar.

Hace siglos, personajes como Juana la Loca, que fue reina de Castilla, no tuvieron esta oportunidad. Casada con Felipe el Hermoso por un matrimonio que amañaron sus padres, los Reyes Católicos, como solía suceder en el siglo XV por razones de Estado, la bella Juana la Loca enloqueció de amor. Aunque no se conocían, Juana y el bello Felipe se enamoraron nada más verse. Pero pronto Felipe perdió el interés y empezó a sucumbir fácilmente a los encantos de cualquier cortesana que se le acercara en la Corte. Juana no pudo soportarlo y enfermó de celos. Siguió teniendo hijos suyos (alumbró hasta seis) y cuando Felipe murió en 1507, supuestamente envenenado, Juana no se separó ni un momento de su féretro. Lo acompañó hasta la sepultura. El empeoramiento de su estado mental se hizo cada vez más evidente: no quería lavarse, vestía siempre la misma ropa... Llegó a tal extremo que se nombró a un regente de Castilla y Juana fue encerrada en Tordesillas. Allí vivió durante 46 años hasta morir.

Quizá te suene todo a pasado. Pero no te estoy hablando de ciencia ficción. Juana la Loca existió en realidad. Fue un personaje de carne y hueso que sufrió las consecuencias de sus celos. Es cierto que su marido la provocó y no la ayudó en nada con su comportamiento. Pero ella podría haberse enfrentado a la situación de un modo más sano. Volcándose en sus hijos o, por qué no, disfrutando de la vida en la Corte, que muchos mortales de su época no podían ni soñar; e incluso echando alguna canita al aire... ¿no crees?

No permitas que tus celos te dominen ni que una persona se convierta en la obsesión y el centro de tu vida, como le ocurrió a ella. ¡Hay tantas cosas que puedes hacer cuando el amor falla! ¡Tantos amores que te pueden estar esperando ahí fuera y que no despertarán ese instinto tan ancestral y dañino de los celos! Aprovecha las ventajas que te brinda la sociedad moderna y libérate de tabúes. Apóyate en un buen psicoterapeuta que te ayude a controlar tus celos, a liberarte de las ansias de posesión de una persona y a sentirte segura en tus relaciones de pareja.

Cuando él monta en cólera

Veamos la otra cara de la moneda. ¿Qué hacer cuándo tú no eres la celosa sino él?¿Cómo enfrentarte a él cuando te está esperando en casa con un mal genio y una testosterona por las nubes que te hace temer que pierda el control?

Has vuelto de una cena de empresa. Le avisaste con tiempo que sería el 20 de diciembre, antes de las vacaciones de Navidad, y que irían los compañeros de tu oficina. Le has descrito quienes son cada uno de ellos, cómo son físicamente, a qué se dedican y su estado civil. Sabe que la mayoría están casados o con novia, y que los dos o tres que quedan solteros no son de tu estilo. El peligro es nulo. Pero, aún así, tu compañero no se fía ni un pelo.

Llegas a casa a las cuatro de la mañana y él no está durmiendo. Tiene los ojos abiertos como platos. Está sentado viendo una peli porno en la tele. Podrías enfadarte o sentir celos de las exhuberantes mujeres que está contemplando. Pero no tienes tiempo. Se abalanza sobre ti. Te agarra fuertemente por las muñecas y te pide explicaciones. ¿De dónde vienes a estas horas? ¿Con quién has estado? Hueles a colonia de hombre y no es la mía ¿Piensas que soy tonto y me chupo el dedo?

El tono de las preguntas y de su voz van en aumento. ¡No puedes creerlo! Sólo has ido a una inofensiva cena de empresa. ¿Qué puedes hacer para dominar la situación?

Plan de emergencia **antiataque de celos**

1. **No pierdas la calma.** El primer paso para que él no pierda la calma es que tú no la pierdas. Infúndele tranquilidad. Transmítele que no tiene motivos para preocuparse. Las personas serenas, dan paz y la extienden. Consiguen contagiar a los demás. Pero si percibe que tienes miedo, un ligero titubeo, inseguridad o dudas, estás perdida.

2. **Contesta con seguridad.** Este segundo consejo tiene mucho que ver con el primero. Contéstale tranquila dónde has estado, con quién has ido, qué habéis hecho. Las respuestas descriptivas son las mejores en estos casos. No te regodees diciéndole lo bien que te lo has pasado, porque él podría sentir que le estás retando o provocando. Tampoco le restes importancia o le digas que ha sido aburrido. Podría pensar que le estás ocultando algo. Simplemente, descríbele los hechos de tu salida o fiesta.

3. **No cedas a su chantaje.** Por más que te interrogue o chille, esté de morros o no te hable, debes decirle y hacerle ver con palabras bien claras que no vas a ceder a su chantaje. Estar con él no significa que deba encerrarte en su mundo ni castigarte. Si persiste en esa actitud castigadora dile que vas a tomar una decisión. Puede que el temor a perderte achique su enfado injustificado.

4. **Dale información.** Si tu pareja no se queda conforme con tus explicaciones, quizá sea más fácil que, de forma continua, le suministres información sobre los ambientes en los que te mueves cuando no estás con él. Conocer mejor dónde te mueves, le dará sensación de control. Si percibe que domina la situación, es de esperar que disminuya su sensación de inseguridad y también sus tormentosas reacciones provocadas por los celos.

5. **No consientas ninguna agresión.** Hay escenas de celos que pueden acabar mal. Para evitarlo, no debes consentir ni un mínimo de agresividad a tu compañero. Vigila el menor atisbo de violencia. Es fácil pasar de lo que para ti son unos cachetes aparentemente inofensivos a palizas mayores. Si sientes que la amenaza física planea sobre ti, ten a mano un teléfono móvil, pide un sistema de alarma a la Administración y házselo saber a personas de tu confianza que vivan cerca de casa y puedan acudir a tu llamada de socorro.

6. **Sé tú misma, pero con inteligencia.** Vivir con un celoso no es nada fácil, pero no por ello debes dejar de hacer tu vida. Si eres una chica sexy, vístete igual

de sexy cuando salgas con él que cuando lo hagas con tus amigos. No vayas de compañera recatada con él y de chica explosiva con el resto. Esta contradicción en tu modo de vestir podría despertar sus sospechas, aunque sean infundadas.

7. **Pide ayuda a un psicoterapeuta de pareja.** Pon en práctica estos trucos pero sé realista. Es posible que estés ante un celoso patológico y que ninguna de estas siete propuestas ni todas juntas sean suficientes para conseguir atemperar sus celos. La mayoría de las veces las personas no consiguen eliminarlos: aprenden a controlar las expresiones externas y más destructivas de sus celos pero no dejan de sentir el torbellino de desagradables emociones que provocan esos ataques. Por eso es muy importante no descartar ningún tipo de ayuda.

Ve poniendo en práctica estas técnicas. Observa si tu pareja va cambiando su comportamiento. Dale una segunda oportunidad o una tercera, si crees que en conjunto tu relación merece la pena. Pero sólo, y esto es muy importante, si merece la pena. Si te la merece a ti. En ciertas ocasiones, como te expondré al final de este libro, es preferible la ruptura.

Hace un tiempo me reencontré con Marta, una amiga de la niñez, y nos preguntamos acerca de cómo nos había ido en la vida. Se la veía espléndida, con un deslumbrante brillo en los ojos. Me desveló que, después de un duro fracaso, había vuelto a encontrar el amor.

— «¿Qué te sucedió?», le pregunté, sin poder evitarlo.

— «Mi anterior pareja se llamaba Mauricio. La gente pensaba que éramos la pareja perfecta. Nos llamaban M&M y nos hicimos muy populares en el pueblo donde veraneábamos y nos conocimos. Pero, en cuanto empezamos a convivir, todo se estropeó. Si yo salía con mis amigas y él se quedaba en casa viendo una peli de vídeo, me lo hacía pagar como nadie puede imaginar. Me esperaba en casa con el ceño tan fruncido que daba miedo. Me interrogaba hasta altas horas de la noche. Vociferaba. Despertaba a los vecinos. Me insultaba y amenazaba con pegarme, incluso alguna vez se le fue la mano. Al principio, cada vez que mis amigas me invitaban a un cumpleaños, seguía quedando con ellas. Necesitaba su compañía. Él prometía que no me haría nada cuando volviera a casa. Pero mentía. Siempre me montaba el mismo ataque de celos. ¡Qué digo! Cada vez era peor. Decidí mantener una relación telefónica con mis amigas. Poco a poco él me fue encerrando en su mundo. Salir con alguna amiga o amigo tenía un precio demasiado caro. Mauricio ni vivía ni me dejaba vivir. Un día, no sé cómo, saqué fuerzas de flaqueza. Llamé a mi mejor amiga. Me vino a buscar a casa y me instalé en la suya. Rompí con Mauricio. Es la mejor decisión que he tomado en mi vida. De lo contrario, no hubiera conocido a Mario, con M de maravillos», me explicó.

Aquel rápido resumen de su vida me hizo constatar que se puede querer mucho a una persona y puede ser estupenda. Pero si hay una sola cosa que se interpone entre ambos, causa daño y es muy destructiva, aunque sea una sola cosa, es mejor dejar la relación. En algún caso puede ser el alcohol, las drogas o las mujeres. En otros, los celos.

¿Por qué un ataque de celos?

No todos los celosos reaccionan con un ataque explosivo. Algunos son más maquinadores y sirven su venganza, como dice el refrán, en un plato frío. Pero la realidad es que muchos, por no decir la mayoría, no pueden contenerse. Pero ¿por qué tienen esos llamativos ataques de celos?

Trastornos de la impulsividad

Hay personalidades más impulsivas que otras. De hecho, existe el denominado trastorno del control de los impulsos y que se asocia con diversas enfermedades como la bulimia. También lo padecen las personas hiperactivas. Todos, incluso las personas que a simple vista parecen más equilibradas, calmadas y estables pueden estallar en un momento dado como una bomba de relojería. Todos tenemos un reloj interno de los sentimientos que se para cuando dice basta, que resuena como un despertador atronador para despertar al otro y decirle: «¡Eestoy aquí! ¿no te das cuenta de que tu actitud provocativa me hace daño?»

Lo más probable es que no padezcas un trastorno de la impulsividad. Pero lo que si es posible es que tengas una personalidad impulsiva. Te propongo que realices un pequeño test que puede servirte como primer paso para comprobar esta faceta de tu personalidad. Contesta Sí o No y observa hacia dónde se decanta la balanza: son situaciones evidentes pero a veces está bien recordarlas por escrito para ser conscientes de cómo nos comportamos.

1. Cuando tu pareja entra por la puerta después de una fiesta, te lanzas sobre él y le preguntas de inmediato dónde ha estado.
2. Cuando vuelve de la calle, le preguntas dónde ha ido sin alzar la voz y os sentáis a charlar tranquilamente en el sofá.
3. Si te dice que quiere salir con sus amigos, le chillas y le espetas: ¡Otra vez!
4. Tenéis un acuerdo establecido. Ambos consideráis importante conservar vuestros amigos y espacios propios de libertad. No hay problema con hacer cosas solos.
5. Si os peleáis, no puedes evitar chillar y lanzar algún plato u otro objeto, como en las películas.
6. Odias pelearte a gritos. Prefieres razonar las cosas y hablarlas, aunque lleve horas.
7. Si discutes, lo haces en tono normal.
8. Te irritas por cualquier pequeño fallo de tu pareja y se lo dices de inmediato.
9. Conoces sus defectos y los tuyos. En el momento adecuado, habláis sobre el tema para intentar mejorar.
10. Antes de acusar a tu pareja, decides reflexionar sobre algo que haya hecho y que no te gusta.

Calma total, mala señal

De la misma forma que la tendencia a la impulsividad puede jugarte una mala pasada y precipitarte hacia un ataque, un temperamento excesivamente calmado también puede conducirte a la catástrofe. Las personas que callan, observan y tragan pueden estallar y abalanzarse sobre su pareja con un ataque de celos incluso mucho peor que el del impulsivo. Digo peor por lo inesperado, ya que no es su tónica de comportamiento habitual. El compañero puede tener la sensación de que su amada se ha trastocado. Se encuentran ante una desconocida. Ir guardando numerosos temores y rencores dentro del corazón puede tener consecuencias fatales. Cuando estas personas atacan, significa que están fuera de sí, desesperadas. Han llegado al límite de lo que pueden soportar interiormente y lo exteriorizan de golpe.

Eso por no hablar de los problemas de salud que esta actitud puede provocar. La sabiduría popular dice cosas como por ejemplo «de tanto aguantar, me está saliendo una úlcera» o «me duele la cabeza de tanto darle vueltas y vueltas a este tema». Vigilemos, porque hay más realidad en esas sentencias de la que creemos.

¿Mostrar o no mostrar los celos?

Llegados a este punto, seguramente te habrás preguntado qué es mejor. Si escondo mis celos y me muestro calmada ¿podría estallar algún día y echar a perder mi imagen de persona estable? Pero si exploto continuamente ¿mi pareja se cansará de mí?

Mi propuesta es que recurras al camino de en medio. Ese lugar en el que se encuentra la virtud y al que, a menudo, es tan difícil llegar. Si eres celosa es mejor que se lo digas a tu pareja. Tarde o temprano, se dará cuenta. Pero una vez dicho, exponle que vas a poner todo lo que esté de tu parte para no montarle escenitas de celos. Seguramente, se te escapará alguna. Es inevitable. En ese caso, pídele comprensión. Como ya le has avisado previamente, le será más fácil encajarla.

Dios los cría y ellos se juntan

De todas formas, no te sientas culpable por ser como eres. Seguro que tu novio, marido o compañero también tiene fallos. Además, muchas veces el que ataca no es el único celoso de la pareja. A menudo, los dos son celosos. Uno provoca los ataques de celos del otro y el otro los interpreta. Es un círculo vicioso del que es difícil salir. Pero con paciencia y el plan DDD, todo es posible.

Viviendo con el enemigo: un celoso en tu cama

Detectar el problema

Generalmente, detectar los celos de tu pareja o de aquella persona a la que quieres, lleva su tiempo.

Cuando se inicia una relación, o se tiene intención de iniciarla, cada uno de nosotros esconde su peor cara: solemos ceder en cosas que no nos gustan a priori, somos más amables, más abnegados, más tolerantes... Es normal. El amor, o simplemente la atracción física por otra persona, hace que se reaccione de este modo. A veces, incluso sin pensarlo.

Un buen día, con la relación ya en marcha o simplemente cuando ya hay un mínimo de confianza con el otro, descubres que está celosillo. Es frecuente que la primera reacción sea incluso de agrado. En un capítulo anterior hemos destacado que un poco de celos siempre conviene en una relación afectiva.

Pero si progresivamente aquella persona cariñosa que siempre te decía que sí a todo y que cedía constantemente a tus deseos, deja de actuar así y empieza a hacerlo de forma egoísta, inflexible, agresiva y desconfiando de ti constantemente, entonces ¡tenemos los primeros síntomas de alarma!

Si la cosa va a más será el momento de empezar a pensar en tomar medidas y decisiones, aunque no siempre resultará fácil.

Estoy hablando de cuando los celos de tu pareja te incomodan, te ponen en evidencia delante de tus amigas, os hacen discutir constantemente o te obligan a actuar de forma diferente a lo normal. Por ejemplo, te obliga a cambiarte la ropa que te has puesto, te prohíbe que salgas con amigos del trabajo, te revisa los cajones...

Ante todo, no me cansaré de recordarte que amor no significa sumisión y que en una relación de dos, ambos tienen que dar y recibir. Si la balanza se desestabiliza porque tú das o cedes más que él, empiezan los problemas y las insatisfacciones. ¡No es obligatorio mantener una relación con un celoso! Recuerda que puedes dejarlo cuando quieras. Como se supone que entre vosotros hay amor, tal vez lo mejor sea intentar buscar remedio. A continuación, te propongo una serie de medidas a tomar.

Cuestionario. ¿Cómo se detecta el problema? ¿Cuándo podemos hablar de que nuestra pareja tiene ataques de celos incontrolados?

- Cuando hablas regularmente de otra persona del sexo masculino...
  1. Te hace muchas preguntas sobre quién es esa persona y te pide que le expliques cómo es físicamente.
  2. Te interroga sobre él, quiere saber cuándo y por qué lo ves.
  3. Se burla de esa persona. La desprecia aunque no la conozca. Le cambia el humor cuando hablas de ella. Te interroga e incluso te pregunta abiertamente si significa algo para ti.
- Cuando acabas de hablar con alguien que te ha llamado...
  1. Siempre te pregunta quién es y por qué te llama.
  2. Te interroga sobre quién te ha llamado y duda de que la respuesta que le das sea cierta.

3. Coge siempre el teléfono, pregunta quién es. Si no estás, te oculta las llamadas. Después te pregunta quién es esa persona, por qué te llama, de qué la conoces...

■ Cuando te vistes para salir a una actividad ordinaria...
1. Te dice que tal vez vas excesivamente arreglada para ir a trabajar o estudiar.
2. Afirma abiertamente que te has pasado con el maquillaje y que llevas ropa demasiado provocativa.
3. Te dice que te cambies esa ropa y que ya puedes pintarte de una forma menos provocativa porque parece que vas a ligar con alguien.

■ Cuando has quedado con amigos...
1. Te pregunta con quién has quedado, para qué, por qué, a qué hora vas a volver y te llama varias veces al móvil durante la cena.
2. Te interroga sobre con quién vas. Te exige que no vuelvas tarde. Se pone pesado para que no vayas. Finge incluso encontrarse mal.
3. Te interroga, te hace chantaje emocional, te llama sin parar al móvil y al final se presenta donde has quedado, o te espera en la puerta hasta que salgas para llevarte a casa.

■ Cuando vas por la calle y miras a otro chico o comentas lo guapo que es...
1. Te dice que para qué te fijas en otro si lo tienes a él.
2. Se enfada y te exige que le digas que él es más guapo e interesante que el otro chico.
3. Se enfada mucho. Dice que seguro que siempre te comportas así cuando sales sin él y coqueteas con todos.

■ Cuando llegas tarde a casa...
1. Se muestra enfadado, te comenta que estaba preocupado, que lo podías haber llamado, te pregunta dónde has estado...

TÚ, ÉL Y LOS CELOS

2. Antes de que te puedas explicar, da por sentado que has estado con alguien, que le estás mintiendo constantemente, que él siempre es lo último que te interesa.

3. Se pone furioso, grita y te exige, sin dejarte hablar, que expliques con quién has estado. Pone nombre a esa persona con la que él piensa que has estado y empieza a recitarte cosas que has hecho y que él ha interpretado como que tienes a otro con el que te ves a sus espaldas.

■ Descubres que ha estado husmeando entre tus cosas...

1. Lo notas porque sabes que no las habías dejado así, aunque él ha sido cuidadoso con dejarlo todo casi como lo encontró. No te hace comentarios posteriores.

2. Notas que han estado hurgando en tus cosas y días después te pregunta por aquella dirección y aquel nombre que habías apuntado en un papel, o por aquel objeto que no es ni tuyo ni de él.

3. Cuando llegas a casa, sin tiempo a que puedas replicar, te exige saber de quién son aquellos objetos, aquellos papeles, aquella dirección o teléfono que ha encontrado entre tus cosas.

■ Tiene comportamientos extraños...

1. Se queja de que ya no le quieres como antes, que ya no te gusta y que tal vez es porque quieres a otro.

2. No te dice nada abiertamente pero se queja de todo. La comida ya no está tan buena como antes, ya no le haces masajes... Cualquier detalle de tu comportamiento que tú consideras sin importancia, él le da la vuelta y lo pone como ejemplo de que algo no funciona en vuestra relación.

3. Cambia totalmente su forma de ser. Siempre está malhumorado, irritable, desconfiado, quejoso, egoísta... No quiere que salgáis pero tampoco quiere que salgas tú sin él. Te observa constantemente y le saca punta a cualquier detalle sin importancia.

Suma los puntos según el valor de cada respuesta (1, 2 o 3):
- **Entre 9 y 15.** Tienes un celosillo en casa. Pero es un problema de fácil solución. Hablando y poniendo las cosas claras se podrá arreglar.
- **Entre 15 y 24.** Tu pareja es un celoso en potencia. Seguramente será difícil hacerle cambiar de actitud pero tienes que ponerte ya manos a la obra para intentar buscar una solución que salve vuestra relación.
- **Más de 24.** ¡Cuidado!, lo de tu pareja son celos patológicos. Contacta con un terapeuta porque es muy difícil que con sólo hablarlo entre vosotros se pueda solucionar el problema.

Quiero acabar con la situación

Entiendo que si sigues leyendo este libro es porque estás dispuesta a luchar contra los celos de tu pareja. De todos modos, antes de avanzar te propongo unos consejos para reflexionar sobre si quieres continuar con esa persona pero abordando el problema o si lo que debes hacer es poner tierra de por medio y acabar con esta relación.

Lo primero que debes preguntarte es:

- ¿Vale la pena luchar por esta persona?
- ¿Lo quiero o es un capricho temporal por el que no vale la pena tener preocupaciones y gastar energías en intentar ayudarlo?
- ¿Hay cosas positivas en él y los celos son sólo una cuestión de su carácter que no me gusta pero que podremos resolver?

Si has decidido daros una oportunidad, lo primero que debes hacer es buscar la raíz del problema. Te remito al capítulo primero en que te explicaba la importancia de los primeros años de vida y de la familia en estos casos. Tú no tienes por qué saber la infancia que ha tenido tu pareja, pero si lo sabes o si conoces a los miembros de su entorno familiar, pregúntate varias cosas:

■ ¿Qué conozco del pasado de mi pareja?

■ ¿Cómo fue su infancia?

■ ¿Qué relación tenía con sus hermanos? ¿Ha sido un niño celoso de pequeño?

■ ¿Qué relación tenía con sus padres? ¿Fue un niño excesivamente protegido?

■ ¿Cómo son sus padres? ¿Alguno de ellos era celoso?

Estas preguntas podrán poner un poco de luz en el origen del carácter celoso de tu pareja. Pero la infancia no se puede cambiar y seguramente lo que allí sucedió no sea el único motivo. Busca los causantes actuales que han desencadenado los celos:

■ ¿Ha tenido anteriormente otras relaciones que se hayan roto por motivo de los celos?

■ ¿Ha pasado por una experiencia de infidelidades por parte de alguna pareja anterior que ahora reviva por algún motivo?

■ ¿Ha cambiado tu actitud hacia él? ¿Le has dado algún motivo claro para que se sienta celoso?

■ ¿Ha habido algún cambio en tus hábitos diarios que haya desatado el ataque de celos? Por ejemplo, estudiar alguna cosa para mejorar tu currículum, apuntarte a un gimnasio para ponerte en forma o relacionarte con nuevos amigos.

■ ¿Crees que su entorno social lo puede estar condicionando? ¿Consideras que su trabajo o sus estudios lo hacen sentirse inseguro, estresado o deprimido? Habitualmente, los celos van unidos a personas con carácter inseguro. Un hombre que día tras día se ve presionado en su trabajo puede llegar a casa y querer dejar claro que allí manda él y que su mujer debe comportarse como él quiere, por ejemplo.

■ ¿Crees que los amigos de tu pareja le fomentan los celos con sus comentarios hacia ti o hacia las mujeres en general?

■ ¿Piensas que tu pareja es totalmente normal, que no hay nada en su entorno que lo haga más celoso, pero que de vez en cuando actúa de forma celosa sin saber muy bien por qué?

Quizás ahora lo veas más claro. Cuando hayas respondido a estas preguntas podrás saber cuándo empezó todo y cuáles han sido los motivos que lo han llevado a esa situación. Puede ocurrir que tu pareja sea una persona cariñosa y sensible que pasa por un momento difícil y que sus miedos e inseguridades están aflorando en forma de celos. Tal vez él desconfía de ti porque estás cambiando. Deberías hacerle entender que esto no tiene por qué ser negativo.

O quizá tienes en casa a un celoso en potencia, que hasta ahora había permanecido camuflado pero ahora que tenéis más confianza, saca los instintos posesivos y egoístas que lleva dentro. El siguiente paso que debéis dar es buscar la terapia más adecuada según el caso al que nos enfrentemos.

Cambio mi actitud

A todas las mujeres nos gusta gustar, mirarnos en el espejo y cuidarnos para sentirnos bien con nosotras mismas y dar una buena imagen. Nos vestimos de una determinada manera, nos pintamos, nos arreglamos el pelo, vamos al gimnasio... porque la imagen en nuestra sociedad es muy importante y nos agrada que los demás se den cuenta de que nos cuidamos. El intentar atraer la mirada de las personas del otro sexo responde a un instinto animal de supervivencia. Igual que hay animales que tienen plumas vistosas o hacen ruidos llamativos, los humanos nos vestimos y arreglamos para atraer al otro.

También es cierto que no todas las mujeres somos iguales y que unas explotan más su capacidad de coqueteo que otras. Algunas no se dan cuenta de que lo hacen. Es una actitud espontánea. No voy a entrar en qué grado de coqueteo es bueno o malo. Ahora bien, esta actitud nos puede traer consecuencias no esperadas. Desde un baboso que se nos engancha una noche de fiesta porque asegura que le estamos tirando los tejos, a despertar los celos en tu pareja.

Quien es coqueta lo es con o sin pareja. No tiene porqué ser malo en sí, pero piensa que a él no siempre le gustará que te vayas pavoneando delante de cualquiera del sexo masculino.

A veces, incluso utilizamos el coqueteo con terceras personas para potenciar el interés de la pareja; para advertirle que tenemos otras opciones que podemos ejercer si no nos presta más atención.

Si tenemos en casa una pareja con tendencia a ser excesivamente celoso, una actitud de este tipo puede ser un arma de doble filo que podría volverse en nuestra contra y deteriorar la relación. Cuando descubras que los celos de tu hombre se producen porque cree que vas demasiado provocativa tendrás que tomar medidas:

■ **Analiza si realmente actúas de forma provocativa.** Háblalo primero con él, que te dé detalles de aquello que le molesta y luego háblalo con alguna amiga de confianza que te pueda dar una visión objetiva. Si realmente llegas a la conclusión de que te pasas, tal vez tendrás que ser más comedida (sobre todo delante de tu pareja).

■ **Estableced juntos una serie de mínimos que él acepte.** El que sea celoso tampoco significa que tú debas cambiar de forma radical tu forma de ser, vestir o actuar. Puedes ser más comedida, ¡pero no aceptes completamente sus sugerencias! Si lo das todo, él acabará pidiendo más. Por ejemplo, si hoy te dice que no te pongas esa falda tan corta, el próximo día te dirá que no sea de determinado color, o que no te vistas con pantalones tan ceñidos, etc. Tiene que saber que tú estás intentando ayudarle a evitar sus celos pero que no vas a cambiar sólo para que esté más tranquilo, para acallar su ego y para que sienta que eres de su posesión.

■ **Puedes llegar a la conclusión** de que tu actitud no es provocativa y, por lo tanto, objetivamente no hay nada de ti que pueda desatar los celos de tu pareja. Simplemente, ve fantasmas allí donde no los hay. ¡Cuidado! Éste es el peor de los casos porque la raíz del problema no está en algo que tú hayas hecho, sino en él. Háblalo pero piensa que posiblemente no sea fácil de solucionar.

No quiere que salga tanto

Otra de las cuestiones que despierta los celos son las parcelas de individualidad y libertad que vivimos sin el otro: aficiones, cuando salimos solos con amigos, o incluso el trabajo.

Igual que en el caso anterior, es necesario medir hasta qué punto estas actividades son perniciosas para la pareja. Si te ve muy poco porque siempre tienes cosas que hacer, tal vez tengas que poner freno a esas actividades para intentar salvar esta relación. Pregúntate si es que no te llena del todo tu relación y por eso necesitas hacer cosas aparte.

A veces, la agenda se alía contra nosotros: se suman compromisos familiares y laborales, algunos amigos necesitan que les dediquemos tiempo porque pasan un momento delicado... Es posible que haya sido una cuestión temporal, que se hayan sumado diferentes asuntos. Tu pareja se ha sentido sola y por eso los celos se han desatado como mecanismo de defensa. No me cansaré de decirlo: ¡Háblalo con él! Es el momento de renunciar a alguna cosa.

Ahora bien. Podemos enfrentarnos a otro caso. El de la pareja que no acepta que tú hagas nada que no sea con él: ni salir con amigos, ni dedicar tiempo a tus aficiones, ni siquiera formarte para mejorar tu currículum. En estos casos, hay que pararle los pies. Hay que dejarle claro que necesitas mantener tu parcela de libertad y que no es algo que vaya en contra de él. Tú le quieres y no buscas un lío en el gimnasio, en la clase de inglés o haciendo yoga. ¡Habla claro! ¡Díselo así!

Espera a ver cuál es su reacción. Si continúa con sus celos, algo más habrá que hacer.

¿Lo hablamos?

Estamos ya en la tercera fase de la terapia. Ya has localizado el problema y su posible origen. Has llegado a la conclusión de que los celos no se producen por nada que tú hayas hecho. Es más, hagas lo que hagas, él siempre mantiene su actitud.

Los expertos consideran que para evitar los celos en una relación hay que trabajar el diálogo, la confianza y la transparencia. Hablar, hablar y hablar. Es importante, por ejemplo, delimitar qué es tolerable en la relación y qué no. Es posible que así lleguéis a un punto intermedio. Tú tendrás que ceder un poco pero a cambio de que él deje de recelar de ti.

Hay que dejar claro también que aquí los privilegios son para ambos. Si a él le gusta quedar con amigos, salir y volver a la hora que le dé la gana, hazle entender que tú tienes los mismos derechos. No es justo que sienta celos cuando actúas como él. Intenta que entienda que muchas de las cosas que te critica también las hace él y no por eso estás celosa.

Es básico que entre ambos haya una total transparencia en la relación. Comunícale cualquier tipo de encuentro que vayas a tener con otra persona o por lo menos no se lo ocultes. Si alguna vez le escondes una cita con una tercera persona, pregúntate por qué lo haces. No lo hagas para evitar sus celos porque si se entera provocarás todo lo contrario. Conseguirás que sea más suspicaz... ¡con razón!

Como ya he comentado al principio, los celos se producen en muchas ocasiones por la educación recibida. Es posible que a tu pareja le falte educación en tolerancia, respeto y reconocimiento de los derechos del prójimo. Explícaselo así. Ponle ejemplos. No lo hagas irritada pero que se dé cuenta de que si es celoso contigo va en contra de tus derechos más básicos. Esta parte es la más difícil. Seguramente, deberían ser terceros o un terapeuta los que insistan en este tema para que él lo acepte.

Si hay comunicación, si se fomenta la tolerancia, si se aborda el tema desde el respeto intentando controlar los nervios, el problema se puede resolver. Lo primero, claro está, es que él acepte que el problema es suyo. Tú puedes ayudar y cambiar algunas actitudes, pero el esfuerzo lo tiene que hacer él. Y lo tiene que hacer por amor hacia ti. Recuérdale que, contra lo que algunos defienden, los celos tienen poco de cariño y mucho de egoísmo. Si todavía persiste en estas reacciones convirtiéndose en algo enfermizo, sin nada que lo fundamente, será necesaria la intervención de un terapeuta. En principio, podéis someteros a terapias de pareja. Si no son suficiente, será él quien deba tratar su trastorno de conducta.

Consulta con un médico, a veces son necesarios los fármacos que disminuyen la ansiedad y nivelan el estado de ánimo.

El refrán popular dice: «La ropa sucia se lava en casa». Es posible que él o tú, o ambos, seáis reacios a llevar vuestros problemas fuera de casa, pero en muchas ocasiones sólo una persona ajena al problema es capaz de encontrar soluciones. Un terapeuta es un especialista que no se va a reír de lo que le expliquéis y, seguramente, está harto de escuchar problemas similares. ¿O crees que eres única y especial?

No aguanto más. Hasta aquí hemos llegado

Es posible que nada de todo lo anterior surta efecto. Sucede en algunas ocasiones con los celos patológicos e incontrolados. Si te encuentras en este punto, deberás decidir. Puedes seguir viviendo con alguien así, que te cohíbe y coarta tu libertad, que cada vez exige más cambios en tu actitud para sentirse satisfecho, pero que en realidad nunca se da por contento y continúa viendo fantasmas allí donde no los hay. Pero también puedes decidir poner punto y final a la relación.

En capítulos posteriores te damos consejos para afrontar este importante paso, pero piensa que si él te quiere intentará cambiar y superar sus celos por ti. Si no lo consigue o ni siquiera está dispuesto a intentarlo, ¿merece la pena que te esfuerces por él?

Dos ejemplos similares con finales antagónicos

Ana

Hace unos años conocí el caso de Ana. Tenía 25 años y hacía seis meses que trabajaba como recepcionista y administrativa en una clínica dental. Era su primer trabajo desde hacía años. Desde que se había casado, cuando tenía 22 años, no había vuelto a trabajar porque su marido insistía en que no era necesario: que él tenía un buen sueldo con el que podían vivir los dos. Durante esos primeros años de matrimonio la relación había sido magnífica. Ella se dedicaba en cuerpo y alma a él. Lo hacía porque quería. Poco a poco habían ido abandonando sus amistades y ahora, como mucho, salían con algunos amigos de él.

Un buen día ella le planteó que quería volver a trabajar. Unos ingresos extras no les irían mal y Ana tenía ganas de ampliar su mundo, limitado estos últimos años a su hogar. Pronto se integró en su trabajo. La mayoría de sus compañeros eran jóvenes como ella. Había buen ambiente y ella cayó bien. Era una chica simpática, divertida, animada...

Cada tarde, cuando acababa de trabajar, su marido la esperaba en la puerta. Nada, en principio, denotaba el infierno que Ana había empezado a vivir. Desde el primer día en que empezó a trabajar, su marido comenzó a tratarla de modo diferente: se mostraba impaciente cuando ella tardaba en salir; le molestaba que hablara del trabajo en casa; le criticaba la ropa que se ponía cada mañana por considerarla excesivamente provocativa para ir a trabajar; la atosigaba a preguntas sobre el origen de los mensajes de de móvil que recibía...

Llegaron las fiestas de Navidad y en la empresa se organizó la clásica cena de compañeros que se realiza en esas fechas. En el trabajo, los compañeros habían empezado a sospechar alguna cosa: Ana se veía preocupada. Su marido la llamaba constantemente al trabajo. A la hora de cerrar, insistía en que se fueran rápido porque él no aceptaba esperarla demasiado. Nunca quedaba para tomar algo con sus compañeros y menos para cenar.

Sin embargo, Ana aceptó la propuesta de ir a cenar en Navidad. Se puso guapa, se maquilló y se dispuso a pasarlo bien. Esa noche sus compañeras aprovecharon por primera vez para sacarle el tema. Ella confesó que su marido era muy celoso, pero que se querían y le perdonaba esa obsesión. Sus compañeras insistieron y le dijeron que no tenía porqué aguantar que la espiara, la persiguiera, la controlara y desconfiara de ella. Ana confesó que la había amenazado con abandonarla si ella no dejaba el trabajo. Les confesó también que su marido las criticaba a todas, que las consideraba ordinarias y ligeras de cascos. Finalmente, Ana aceptó hablar con él. Para entonces, ella había mirado varias veces el móvil. Él la llamaba insistentemente. Pero esa noche se había planteado pasar de todo y disfrutar. Así que no cogió ni una sola de sus llamadas.

El desenlace no fue, sin embargo, el que Ana esperaba. Al salir de cenar, iba acompañada de uno de sus compañeros, un joven de prácticas alto y bien plantado, pero con el que ella no había cruzado más de cuatro palabras. Allí en la puerta del restaurante estaba el marido. Furioso se acercó hacia ella, gritando cosas como: «Ya lo sabía yo. Eres una zorra. Para eso querías trabajar. Te lo estás montando con este tipejo a mi espalda».

El marido se fue hacia el compañero, que no salía de su estupor, y empezó a agredirle. La cosa acabó fatal. Ana no llegó nunca a hablar de celos con su marido. Aquella noche se fue a dormir a casa de una de sus compañeras, y las siguientes veces que quedaron fue siempre con un abogado delante. Se separaron. Lo que puede resultar más curioso para muchas de nosotras es que la razón le decía que se tenía que separar, pero su corazón apostaba por darle una segunda oportunidad.

Ester

Cuando la conocí, Ester era una chica insegura, tímida, que optaba siempre por hacer y pensar lo que decidía la mayoría. Había tenido varias parejas, pero con bastante mala suerte. Finalmente había conocido a un chico con el que compartía una de sus principales aficiones: la fotografía. A los dos meses de conocerse ya decidieron irse a vivir juntos. Ambos pensaban que había sido un flechazo total y que ya no tenían edad (ella 35 y él 34) para empezar un noviazgo de años. Iniciaron una vida en común aunque ambos conocían muy poco del otro. A pesar de su timidez, Ester era una chica independiente con muchos amigos. Y vivir con su nueva pareja no significó cambiar de hábitos. Un año después, Ester empezó a ver que su pareja reaccionaba en ocasiones de una forma un tanto extraña. Aunque nunca le había hecho ningún comentario, lo había pillado fisgando en sus cajones, entre sus papeles, leyendo los mensajes del móvil, espiando sus conversaciones telefónicas...

Una noche le hizo una pregunta que le hizo reaccionar: «¿Por qué ya no me quieres como antes? Siempre prefieres salir con tus amigos que estar conmigo. Creo que tienes a otro y que no me lo dices para no hacerme daño». Estaba celoso. Pero, ¿por qué? Ella siempre había actuado igual. Él nunca le había prohibido que saliera con nadie. Nunca le había dado razón alguna para que él pensara que había otro hombre en su vida.

La primera reacción de Ester fue de rabia, pero tal vez por primera vez en su vida decidió que tenía que ser fuerte y tomar decisiones. Así que se sentó con su pareja y empezaron a hablar del tema. Discutieron, luego se calmaron, lloraron un rato y al final decidieron que se pondrían en manos de un terapeuta.

Ninguno de los dos quería perder al otro, pero Ester tampoco quería perder su libertad y no estaba dispuesta a soportar sus celos sin fundamento. Por su parte, él corroboró que tenía un problema que no podía controlar. Hacía tiempo que se sentía así y no había tenido valor para decírselo.

Han pasado dos años desde entonces. Su relación continúa. Él sabe que siempre tendrá tendencia a ser celoso y Ester sabe que tiene que dialogar más con él para evitar problemas. Pero la decisión tomada a tiempo, sin duda, les ha ayudado a continuar: ahora saben que, hablando, son capaces de afrontar juntos sus problemas. Su amor es más fuerte de lo que ellos mismos pensaban.

Cuando los celos son fundados: la **infidelidad** llama a tu puerta

¿Por qué somos infieles?

Una de las principales diferencias entre los humanos y nuestros parientes más cercanos del reino animal radica en la creación de vínculos afectivos entre nosotros más allá de los establecidos por la naturaleza. Pero también en la capacidad de crear una pareja estable y esencialmente monógama. Aunque es cierto que hay curiosas excepciones... entre uno y otro bando.

Dejando al margen consideraciones culturales y sociales que, por supuesto, afectan nuestra forma de entender las relaciones personales y el amor, existen también una serie de factores biológicos, basados en la necesidad de perpetuación de la especie, que nos llevan a comportarnos de determinada manera.

Hombres y mujeres, como otros animales y como las plantas, venimos al mundo con una función asignada: la de reproducirnos. Tal como te enseñaron en la escuela, todo ser vivo nace, crece, se reproduce y muere. Así es el ciclo de la vida. Por este motivo, los humanos sentimos la necesidad innata de encontrar una pareja

–o diferentes a lo largo de nuestra vida–, enamorarnos y formar una familia. No pongas esa cara. Te guste o no, ésta es una de las funciones que como seres vivos tenemos encomendada. ¿De verdad pensabas que el sexo se «inventó» sólo como pasatiempo? Pero una vez más, hombres y mujeres estamos «programados» de manera diferente. Más allá de que nosotras no sepamos leer mapas y ellos no sean capaces de hacer dos cosas a la vez, la biología también nos ha dado a cada uno sus características. A grandes trazos, el hombre busca fecundar el máximo de hembras a lo largo de su vida, mientras que las mujeres buscamos un padre responsable que nos ayude a criar a nuestros hijos.

¿A qué crees que se debe que nosotras nos comportemos así? Aquí van dos razones que, por supuesto, no son las únicas. El embarazo del ser humano es un proceso largo, de nueve meses, durante el cual la mujer no siempre está en plenitud de facultades para seguir desarrollando una vida normal. Podemos necesitar ayuda o, por lo menos, todo será más fácil si contamos con ella. A esto se une el largo periodo de gestación, alimentación y aprendizaje de nuestras crías –los bebés– hasta que son capaces de sobrevivir y defenderse por ellos mismos. Durante todo este tiempo, cuatro ojos ven más que dos y cuatro brazos protegen más que dos. Por eso, si la mujer cuenta con su pareja durante este tiempo, todo será mucho más fácil y seguro para la madre y la criatura.

Bien distinta es la situación en el reino animal. Una de las especies más prolíficas es la de los conejos: el embarazo dura seis semanas y las crías son capaces de alimentarse por ellas mismas, huir del peligro y esconderse con sólo dos semanas de vida. A los pocos días de nacer, las crías de elefante corretean junto a la manada y los chimpancés son perfectamente autónomos a los seis meses.

Pero en el caso de los humanos, los niños necesitan –por lo menos– un periodo de cinco años para comenzar a ser menos dependientes y, por ese motivo, las mujeres tendemos a buscar una pareja ideal que pueda mantenerse a nuestro lado el tiempo necesario para criar a los pequeños. Esta situación aboca al sector femenino a una tendencia a la fidelidad que no siempre se corresponde con las tendencias mucho menos comprometidas de los varones. En este comportamiento juegan también un papel destacado algunos aspectos médicos y fisiológicos, como es el mayor tamaño del hipotálamo en los hombres y las consecuencias de los altos grados de testosterona que acumulan. Una auténtica bomba de relojería en la composición del infiel potencial, a la búsqueda siempre de nuevas hembras para fecundar y asegurar, de esta forma, la continuidad de la especie. Vuelve a ser la naturaleza quien nos empuja a actitudes y roles diferenciados.

Con esta explicación, no estoy justificando de ninguna de las maneras la infidelidad masculina, nada más lejos de mi intención. Hay que tener en cuenta que, hoy en día, ya no es el afán de procreación lo que rige las relaciones sexuales entre los humanos, sino el deseo, el amor y el compromiso existentes en una pareja. Afortunadamente, los tiempos han cambiado, y mucho, desde que abandonamos las cavernas y dejamos de encender el fuego con dos piedras. ¿O no?

Tipos de infidelidad

Pasemos a analizar algunos de los aspectos a tener en cuenta a la hora de definir si nos encontramos ante una infidelidad o no. Existen diferentes niveles de relación y umbrales que cada pareja establece. Las sensibilidades y las creencias personales son muy diferentes. Aquí van algunos escalones que tal vez tu hombre esté subiendo. Tú decides cuál es para ti intolerable...

El coqueteo. Hay hombres que no pueden vivir si no detectan en todo momento y en todas las facetas de su vida social un ápice de admiración e incluso de deseo en los ojos de los demás −especial-

mente en los de las personas del sexo opuesto–. Son tremenda-
mente narcisistas y necesitan desplegar sus encantos y recibir halagos por parte de los demás para sentirse felices y realizados.
Son seductores natos y dominan los códigos como nadie: la
mirada, la modulación de la voz, el aspecto físico... Suelen convertirse en el centro de atención en toda fiesta o reunión de amigos a la que asisten, pero también se manejan con éxito en su
entorno profesional. Recuerda que una personalidad cautivadora
abre muchas puertas también en el trabajo.

Pero tras esta imagen de triunfador suelen esconderse indivi-
duos con multitud de inseguridades, complejos y problemas arras-
trados muchas veces desde la infancia. ¿Nunca te has parado a
pensar por qué hay hombres –y por qué no, algunas mujeres– que
necesitan a todas horas que les recuerden lo estupendos que son,
lo guapos que están o lo imprescindibles que resultan?

Muchas veces, estas personas pueden lanzar a los demás mensajes que pueden no ser descifrados de forma correcta, ya que el
coqueteo no tiene que ir unido a una conducta infiel. Así, pueden
convertirse en víctima de una situación de «acoso» por parte de
otras personas que han entendido esa actitud de autoafirmación
como un reclamo o una invitación a una relación sexual o aventura amorosa.

Pero además tendrá que enfrentarse en ocasiones a los celos de
su pareja, que puede también interpretar que «tontea» o «se pone
a tiro» de todos los demás. Es necesario establecer una buena
comunicación con la pareja y conocerse a fondo. La confianza, el
diálogo y el conocimiento mutuo son los pilares básicos de toda
relación.

El desliz. Podríamos definir el desliz como un descuido, un mal
menor, aquel «caprichito» que se tuvo en un momento en que se
bajó la guardia y que –según argumenta– no significó más que un
soplo de aire fresco a una vida de pareja que pasaba por un momento bajo. Conocerás el tema de Sandro Giacobbe *Jardín prohibido*,

un canto a la infidelidad y una muestra de la mayor desfachatez por parte de este *latin lover* italiano, capaz de explicarle a su novia que se lo ha hecho con su mejor amiga, pero que no pasa nada... «Mi cuerpo fue suyo durante un minuto, mi mente lloraba tu ausencia. No lo volveré a hacer más, no lo volveré a hacer más...». Yo me pregunto: ¿se puede tener una cara más dura?

Las excusas que pondrá el infiel al ser descubierto pueden ser de lo más variadas: «No lo pude evitar...», «sufrí un brutal acoso hasta que cedí...», «¿qué iba a hacer yo? se me puso a tiro...». Sin duda, un amplio abanico que su pareja puede –o no– creer y perdonar.

El desliz se perdona entre la mayoría de las parejas. El hecho de que no lleve implícita una vinculación afectiva hace que la balanza se decante a favor de todas las experiencias vividas y compartidas con la pareja durante muchos años de relación. Y ante el arrepentimiento manifiesto del infiel y su promesa de «no volverá a suceder», se comienza a escribir la segunda parte del romance.

Tener un desliz con una persona no suele llevar implícito el enamorarse de ella. Es simplemente algo físico relacionado con la pasión del momento, la improvisación y el relajo de los sentimientos.

Quien ha sido infiel una vez, perfectamente puede volver a serlo. La infidelidad es como una enfermedad crónica que puede manifestarse una y otra vez. Así que, a la hora de perdonar una conducta así, hay que tener en cuenta si se confía plenamente, o no, en la pareja.

Cuando se lleva una doble vida. A otro nivel situaríamos el engaño y la doble vida que algunos hombres llevan o han llevado. No seas ingenua y pienses que sólo pasa en las telenovelas o culebrones. No se trata de un arrebato de pasión o de un instante de irreflexión, sino de relaciones y de vidas enteras basadas en mentiras monumentales, que pasan por vivir peligrosamente, a dos bandas, manteniendo diferentes relaciones amorosas a la vez.

Todos conocemos casos de hombres que han sido capaces de mantener durante décadas a dos familias paralelas: la oficial y «la otra». Incluso conozco el caso de dos «viudas» que se conocieron el día del entierro del mismo hombre: una era la oficial, la mujer que llevaba casada con el difunto casi treinta años y era la madre de sus hijos, y «la otra», que era la mujer que convivía con él de lunes a miércoles, los días que supuestamente este señor estaba en la capital. No hace falta que os diga que la situación era complicadísima y que las dos mujeres y los hijos de ambas sufrieron lo indecible.

Si en algún momento pudiera haber tenido una pequeña justificación esta situación tan rocambolesca, sería hace muchos años, cuando las palabras separación y divorcio no existían. Pero en pleno siglo XXI una actuación de este tipo no es más que una muestra de mala fe y de querer hacer daño a muchas personas, especialmente a las más cercanas y que más te quieren.

Aunque no siempre las cosas llegan a estos extremos. Muchas veces la doble vida que llevan algunas personas consiste en mantener una aparente vida familiar feliz con el cónyuge y, paralelamente, coleccionar nuevas experiencias extramatrimoniales con otras personas, en muchos casos también casadas e insatisfechas. El tipo de persona que lleva esta doble vida –lejos de ser alguien carismático o una persona de éxito– es alguien infantil e infeliz, que busca salidas a su frustración. Carece del valor necesario para poner fin a una situación familiar y personal que no le satisface. La única vía de escape que le queda es saltar de conquista en conquista y de cama en cama, huyendo de sí mismo.

Infidelidad compulsiva. Llamamos infiel compulsivo al sujeto que siente ansias irremediables de esparcir su «semillita» a los cuatro vientos. Se trata de personas que necesitan no sólo mantener sexo a todas horas con todo aquel que se les ponga a tiro, sino recibir muestras de admiración. Podemos imaginarles como cazadores furtivos, siempre al acecho, buscando completar su colección de trofeos con más y más conquistas.

Suele corresponder a un perfil de persona insegura, con una fuerte necesidad de autoafirmación. Su pensamiento podría resumirse en las siguientes secuencias: «Soy interesante, por eso ligo tanto y consigo sexo con quien me propongo. Además, tengo la suerte de tener en casa a una persona maravillosa, que me adora». Aunque no tengo ninguna duda de que la secuencia puede ir de la siguiente forma: «Llevo tiempo fuera del mercado, no conozco gente nueva, no me como un rosco... ¿Será que nadie me desea? ¿Cuándo dejé de ser interesante?».

Esto le lleva a salir «de expedición» siempre que pueda, sin que por ello deje de amar a su mujer, a la que valora como una pertenencia, como algo seguro. Ella le sirve de apoyo y da sentido a su vida y por tanto no está dispuesto a dejarla.

En algunos casos, esta actitud llega a convertirse en una patología como en el del famoso Michael Douglas, quien tras el fracaso de su primer matrimonio se sometió a un tratamiento para superar su «sexomanía» antes de casarse con la bella Zeta Jones.

La crisis de la edad. Para muchas personas, una vela más en su pastel de cumpleaños no significa un año más y un montón de experiencias compartidas con los suyos sino, más bien, un año menos y una evidencia de que quedan menos experiencias por vivir y compartir.

Hay algunos momentos en la vida que marcan un cambio. Hay edades que, psicológicamente, suponen el paso a una nueva etapa en nuestras vidas y que van relacionadas con la llegada a lo que se supone que debe ser la madurez, la plenitud, el fin de la juventud...

Cerrar una etapa e iniciar una nueva es siempre motivo de reflexión para todo el mundo. Cada 31 de diciembre hacemos, aunque sea de forma inconsciente, un balance de lo que hemos conseguido en el año que se despide y trazamos una serie de nuevos objetivos para cumplir durante los doce meses que están a punto de comenzar. Por ello, no es de extrañar que cuando cumplamos los 40 años (o los 30, o los 35, o los 50...) sea inevitable que hagamos un balance de lo que ha sido nuestra vida hasta el momento: dónde estamos, qué hemos conseguido, qué nos falta por realizar...

Muchas hombres sufren una auténtica crisis personal y de valores al ver que, probablemente, no van a ver cumplidos aquellos sueños que tuvieron en su juventud o aquellos objetivos que se habían ido trazando con los años. Esto les lleva a pensar que se encuentran en la mitad de sus vidas y que los mejores años ya quedaron atrás. Para ellos, cualquier tiempo pasado siempre fue mejor.

Ante ese panorama necesitan demostrarse a sí mismos que todavía están hechos unos chavales y que pueden conseguir lo que se propongan. Y, cómo no, el sexo pasa a ser uno de los retos principales. Es entonces cuando se lanzan a buscar nuevas conquistas que les hagan sentirse atractivos, interesantes y, sobre todo, jóvenes. Este comportamiento se produce habitualmente entre los varones pero también hay muchas mujeres que al llegar a los 40 necesitan lanzarse a los brazos del primer jovencito «cachas» que se les ponga delante.

Los platónicos (o sin sexo). A veces, la infidelidad no llega a consumarse de una forma física ya que no se llega a producir el contacto sexual con la persona a la que se desea. Este tipo de relación suele producirse entre dos adultos que comparten inquietudes, aficiones o responsabilidades laborales que resultarían incomprensibles o poco interesantes a sus propias parejas.

Esto hace que se creen unos vínculos afectivos especiales y que surja el deseo entre ellos, ambos casados o viviendo en pareja. Sin embargo, ninguno de los dos hará nada para cambiar el compromiso que ya tenían.

Es un tipo de infidelidad intelectual que se mantendrá en secreto, en el terreno de las ideas y lo «platónico». Puede llegar a turbar a quienes la sufren en silencio al sentir que, con su actitud, se está de alguna manera engañando a la pareja escogida, con quien –paradójicamente– cada vez existen menos cosas en común.

Infidelidad «virtual». También hay hombres que, por el motivo que sea, quieren saber qué es ese «gusanillo» de la infidelidad, qué se siente teniendo una relación extramatrimonial siendo especial para alguien pero... son incapaces de ponerle cuernos a su pareja.

En los últimos años, se están dando muchos casos de personas casadas que contactan con otras a través de los numerosos chats de Internet, de las redes de contactos, de los mensajes cortos de los teléfonos móviles o de las páginas de algunos periódicos y revistas de ámbito local que permiten conocer a personas en la misma situación.

Entre los usuarios de este tipo de servicios se encuentran tanto los que sólo buscan sexo como los que prefieren encontrar un compañero virtual a quien le puedan explicar sus cosas, sin que les conozca personalmente ni les juzgue. Los casados y casadas aprovechan esta relación con su *partenaire* virtual para hablar de lo mal que les va con su pareja y despacharse a gusto. Pocas veces llega a producirse el encuentro y, por lo tanto, todo queda en una infidelidad «virtual».

Parejas abiertas. Un capítulo aparte merecen aquellas parejas que se autodenominan «abiertas». Están formadas por personas capaces de desvincular su matrimonio y su vida afectiva de la práctica del sexo por el sexo, como un divertimento más. Son personas que disfrutan relacionándose sexualmente con otras parejas y que son incapaces de guardar fidelidad a su cónyuge. Así que optan por la vía de en medio: tienen total libertad para mantener relaciones sexuales fuera de la pareja con quien les plazca, siempre y cuando no se enamoren de esa tercera persona. Disfrutan de vía libre para conquistar a quienes quieran, dejarse seducir y practicar todo el sexo que deseen con terceras personas. Los dos miembros de la pareja consideran que el secreto para el buen funcionamiento de su equipo está en la confianza que se tienen. Para ellos, todo contacto sexual que mantengan no hará más que enriquecer sus vidas, ya que les aportará algo más de experiencia y una colección de nuevas posturas, ideas y prácticas sexuales que llevar a cabo.

Además, consideran que las relaciones sexuales con diversas parejas ayudan a disminuir las tensiones acumuladas y mejoran la autoestima de cada miembro de la pareja, que se siente deseado, activo y, por consiguiente, más atractivo.

Son personas habituales en los clubes de intercambios de pareja que, cada vez más, proliferan en diferentes ciudades españolas y aficionados a la realización de tríos y otras prácticas también «abiertas».

Para estas parejas, amor y sexo van por caminos diferentes y, del mismo modo que uno puede divertirse saliendo a bailar o a tomar copas con amigos, también puede divertirse practicando sexo con otros. Sólo ponen una restricción: no enamorarse nunca de otro. ¡Eso sí supondría una infidelidad!

La infidelidad y sus motivos

La infidelidad constituye una de las peores traiciones que se producen en una pareja, ya que destruye la confianza entre sus miembros.

Los motivos que pueden llevar a una persona a ser infiel pueden ser muy diversos, aunque podríamos decir que siempre responden a carencias que se producen en el seno de la pareja. Lo mejor que podemos hacer cuando las cosas no van bien es sentarnos y hablar. En el caso de no encontrar la solución, es preferible buscar la ayuda de un profesional.

Repasemos algunos de los motivos que pueden llevar a una persona a ser infiel:

La realidad nos defrauda. Nos guste reconocerlo o no, el enamoramiento es un estado físico y anímico con fecha de caducidad. Con el paso del tiempo nos vamos encontrando frente a frente con la persona real, dejamos de idealizarla y la descubrimos tal y como es, con sus virtudes, pero también con sus defectos y sus manías. Suele suceder también que, con los años, las personas tendemos a buscar otros intereses que van más allá de la vida de pareja: desde el cuidado de los hijos a nuevos objetivos profesionales o aficiones recién adquiridas, que hacen que se acabe restando tiempo a la pareja. En algunas ocasiones, las personas pueden sentirse defraudadas por este «abandono» por parte del compañero y buscan refugio en otra persona de otro entorno –trabajo, aficiones...– que sí se interesa por sus cosas y las hace sentir más valoradas y deseadas. Éste puede ser, sin duda, un primer paso para una relación amorosa extramarital tanto por parte de hombres como de las mujeres.

La monotonía y la rutina como enemigas. Otro de los factores que puede influir a tu «hombre» para que se decida a buscar apoyo y cariño fuera es la monotonía y el tedio en vuestra relación. El tiempo juega también en contra de la felicidad de la pareja, incrementando el sentimiento de distanciamiento entre los dos miembros.
Si no hay ingredientes que aporten un poco de «chispa» a una relación que funciona desde hace años, tendemos a imaginar que el amor ya pasó y que sólo quedan los recuerdos. Un matrimonio sumido en la rutina y el aburrimiento puede ver cómo tiemblan sus cimientos con la llegada de una tercera persona que nos aporta misterio, cariño y riesgo.

Una vida sexual deficiente. El sexo es uno de los pilares en el buen funcionamiento de una relación de pareja. No es el único, desde luego, pero juega un papel muy importante en la felicidad conyugal sobre todo, como ya hemos comentado, para ellos. Si uno no está satisfecho con su vida sexual, tenderá a buscar fuera de casa lo que allí no se le ofrece.

Esta frustración suele traducirse en un rosario de encuentros sexuales o con el inicio de una relación amorosa con otra persona con la que saciarse y llevar a cabo las fantasías que no se encuentran en el propio dormitorio.

▩ **Dependencia emocional de los padres.** No eres la primera a la que le pasa: tu chico no hace nada que no consulte primero con su madre. Cuando discutís ella te llama para hacer las paces en su nombre, y su padre aún controla sus cuentas bancarias. Antes de burlarte de él, párate dos minutos a pensar por qué lo hace. Algunas personas se ven abocadas a buscar apoyo y atención fuera de la pareja, ante la poca implicación del otro. Hay veces que uno de los dos depende emocionalmente todavía demasiado de sus padres y no establece límites respecto a ellos.

Esta situación puede provocar que te sientas poco valorada ya que él no acude a ti para consultar sus problemas o cuando necesita tomar una decisión importante. Piensa bien cómo plantearle lo que te preocupa para evitar «futuros problemas familiares».

▩ **Búsqueda de nuevas sensaciones.** Cuando la monotonía, el tedio y la rutina se instalan en un hogar –y, especialmente, se instalan en el lecho matrimonial– muchas personas se lanzan a buscar nuevas experiencias y emociones. Un *affaire,* una aventura, un lío... pueden poner la sal y la pimienta a una relación insípida, basada sólo en discusiones y problemas.

▩ **La decencia en el hogar.** Hay hombres que quieren mantener a sus parejas en un pedestal algo anticuado, por eso buscan a alguien diametralmente opuesto y fuera de su círculo para realizar todas sus fantasías sexuales. De esta forma, se continúa manteniendo el concepto de hogar y de familia decente.

Las perversiones, disfraces y prácticas sexuales poco ortodoxas se llevan a cabo de esta forma con un amante, alguien que no es la madre de sus hijos y con quien comen en casa de sus padres cada domingo.

■ **Tenemos una pareja «abierta».** Ya hemos hablado anteriormente de este tipo de relación llamada «abierta», que permite a sus miembros practicar sexo con otras personas, siempre y cuando no se establezca un vínculo afectivo.

No obstante, tenemos que diferenciar entre el concepto de pareja «abierta» –en la que ambos miembros gozan del «derecho» a tener más parejas sexuales– y las parejas en las que uno de los miembros tolera que su pareja tenga amantes porque sabe que la relación no funciona. ¿En qué situación estás viviendo?

■ **La amenaza a la libertad.** Algunos cometen infidelidades porque se sienten demasiado «controlados» por sus chicas. A veces, sin darnos cuenta o dándonos, vivimos en una relación asfixiante. Lo único que conseguimos es que él nos vea como una amenaza a su independencia. La respuesta puede ser entonces una búsqueda de libertad en los brazos de una tercera en discordia. Los «cuernos» están servidos.

■ **Alarde de poder.** Muchos hombres creen que la «guinda» que ha de coronar la montaña de sus éxitos es el «fichaje» de una o varias amantes, por lo general, mucho más jóvenes que ellos. Son personas que han triunfado en diferentes facetas de su vida y que han amasado importantes sumas de dinero, posesiones, posición social y poder. Completan así su singular colección de triunfos, mostrando a las personas que les rodean que se han ganado también el derecho a tener un mayor potencial con el sexo opuesto. Actúan de una manera primitiva, comportándose como el orangután jefe de la manada.

¿Perdonas, pero no olvidas? O ¿ni olvidas, ni perdonas?

Ahora que ya hemos tratado los motivos que llevan a la infidelidad es hora de plantearnos qué hacer si nos encontramos en esa situación. Ante todo, mucha calma. No tomes una decisión precipitada de la que luego te puedas arrepentir. Pero tampoco hagas como si no hubiera pasado nada.

No es lo mismo hablar de infidelidades si no has pasado por la situación que cuando te encuentras en el centro de la polémica. Es posible que seas de las que pensabas que nunca soportarías a una pareja infiel y sin embargo ahora que te ha sucedido, dudas y piensas en daros una segunda oportunidad.

Como siempre, te recomiendo que utilices la balanza de los sentimientos. En un lado, pon las cosas negativas: lo que te molesta, te incomoda, lo que te ha herido, te ha desilusionado o te ha defraudado. En el otro lado de la balanza, pon los ratos buenos que has pasado con esa persona, lo que te gusta de él, tus sentimientos, la confianza que te transmite. Analiza qué lado pesa más y según hacia dónde se incline la balanza tu decisión será una u otra.

De todas maneras, aquí tienes unos pequeños consejos sobre cómo actuar. Sin embargo, recuerda siempre que cada caso es un mundo. Sólo tú puedes tomar las decisiones. No te dejes llevar por lo que digan tus amistades o tu familia porque los sentimientos son sólo tuyos.

Recuerda: sangre fría; sé cerebral; reflexiona sin dejarte llevar por los sentimientos y seguro que tomas la decisión adecuada.

■ **¿Por qué no?** Ya hemos incidido en capítulos anteriores en el tema de que la infidelidad forma parte de las actitudes normales de muchos animales. Hay razones, digamos biológicas, para justificar esta actitud.

La relación es cosa de dos. Por tanto, si a ambos miembros de la pareja les parece bien, ¡ser infiel no tiene que ser un problema! Hay muchas parejas que se quieren, que mantienen una relación de lo más «normal» y ninguno de los dos tiene problema en ser infiel. Para ellos, tener un lío con otra persona no es traicionarse, sino que es un comportamiento normal dentro de una relación liberal y de libertad.

Si tú crees que puedes tener un lío con otro y aún así seguir queriendo a tu pareja también puedes permitir que él tenga esa misma actitud contigo. Eso no significa que vayas buscando líos allí donde vayas ni que él haga lo mismo, sino que si aparece la ocasión no vais a rechazarla ni os sentiréis culpables por ser infieles.

No entraré a juzgar si este comportamiento es bueno o malo, simplemente en según qué relaciones, es incluso ventajoso. Por ejemplo, si tienes una con la que no lo ves claro, con la que no sabes si continuarás o si no va en serio... Ahora bien, esto funciona cuando ambas partes están de acuerdo y tienen la posibilidad de ser infieles.

■ **Depende.** No todas las infidelidades ni todos los infieles son iguales. Sucede como en los delitos. Hay agravantes y atenuantes. Así que es posible que la decisión que tomes ante una infidelidad dependa de cómo se ha producido ésta y por qué. Por ejemplo, si tu pareja es de aquellos que todo el tiempo se regodean con los comentarios sobre otras mujeres y que incluso coquetean con ellas delante de ti, si al final te es infiel descubrirás que lo que antes sólo eran comentarios ahora se han convertido en hechos. Así que pensarás que no hay nada que hacer con este tipo, ya que seguramente si lo ha hecho una vez, lo volverá a hacer siempre que pueda.

Ahora bien, si te confiesa que ha tenido un desliz inesperado que no buscaba y se siente arrepentido, tal vez optes por darle una segunda oportunidad.

En resumen, si eres de las que piensan que no todas las infidelidades son iguales cuando aparece este problema:

— Estudia qué tipo de infiel tienes en casa.

— Ponte en su lugar y piensa si tú hubieras hecho lo mismo.

— Analiza los pros y los contras de continuar o cortar.

— Trata de aplicar alguna de las medidas que te ofrecemos a continuación para intentar solventar el problema de raíz.

Lo hablamos. No me cansaré de repetir que la base de una buena relación es la confianza y el diálogo. Así que cuando una infidelidad se interpone en vuestra relación, resulta bueno hablar sobre el tema. Aunque no resulte fácil, es la mejor forma de saber de qué tamaño es el problema que tenemos entre manos y decidir qué camino seguir a partir de ahora. Que tú quieras hablar de algo tan espinoso muestra una gran entereza por tu parte y te da muchos puntos para dominar la situación. Él se dará cuenta de que estás dispuesta a buscar una solución pero que no piensas dejar pasar el tema como si nada hubiera sucedido. Le vas a obligar a reflexionar, a buscar argumentos, a que te diga claramente qué piensa sobre ti y vuestra relación. ¡Va a salir todo!, para bien o para mal. ¿Estás preparada?

Si no sabes por dónde empezar, aquí tienes una pequeña pauta de cómo entrar en el tema e incidir en cuestiones más importantes.

Las cosas claras, **paso a paso**

1. Exponle tus sentimientos, los buenos y los malos. Dile claramente que lo quieres, pero que su infidelidad te ha hecho perder confianza en él.

2. Pídele que te explique por qué lo ha hecho. ¿La infidelidad forma parte de su ideal de relación? ¿Volvería a hacerlo si se planteara el caso? ¿Pensó en algún momento qué opinarías tú de su infidelidad?

3. Intentad buscar si hay algún problema entre vosotros.

4. ¿Ha perdido interés en la relación? ¿Realmente te quiere?

5. Déjale claro que puedes perdonarlo pero que su actitud no es de tu agrado. Pregúntale qué pensaría él si hubiera sido al revés. Que se ponga en tu piel.

6. Es bueno que tú también te pongas en su piel. Piensa cómo se siente e intenta entender por qué lo ha hecho. A lo mejor descubres que tú en su caso hubieras hecho lo mismo.

7. Entender sus motivos puede servir para perdonarlo, pero no para justificarlo. Si no concibes una relación con infidelidades, déjaselo muy claro. A partir de ahora, él sabrá a qué atenerse.

La actitud es muy importante:

1. Toma tila, flores de Bach o alguna otra cosa relajante.
2. No pierdas el control. Estás enfadada pero estás intentando dialogar como una persona civilizada. Si te pones histérica, él se pondrá a la defensiva.
3. Crea un ambiente apropiado. Sin interferencias, donde podáis estar cerca el uno del otro.
4. Míralo a los ojos y hazle ver en todo momento que estás atenta a lo que dice.

5. Es fácil que todo acabe en lágrimas o gritos. Es bueno siempre y cuando la reconciliación sea el punto final.

Es difícil, por no decir imposible, explicarte qué debes hacer a continuación. Dependerá de la conversación: de cómo se haya mostrado él; de si esperas que se arrepienta o simplemente que te prometa que no volverá a pasar; de si te ofrece confianza o ya ha roto la magia para siempre.

Es triste dinamitar una relación por una infidelidad. Pero es más triste que ésta se vaya acabando poco a poco, engaño tras engaño. Seguro que después de la conversación te sentirás mejor y ambos sabréis qué tenéis que hacer.

Si tu pareja vale la pena, si te quiere, te lo transmitirá con sus palabras, su mirada y sus gestos.

La segunda oportunidad

Aunque el hombre es el único animal que tropieza dos veces en la misma piedra, de vez en cuando hay que dar un voto de confianza y permitir una segunda oportunidad. En el caso de una infidelidad, dar una segunda oportunidad es duro, pero a veces salva una relación.

Ponte en esta situación. Tienes una relación fantástica con tu pareja. Estás súper enamorada y crees que él también lo está de ti. No echas en falta nada en vuestra relación. Y de pronto un día te enteras que te ha sido infiel. Te lo puede haber confesado o te puedes haber enterado de cualquier otra forma. ¿Qué haces? ¿Lo echas todo a rodar?

Esta situación es de aquellas que aconsejan dar una segunda oportunidad. Puede haber sido un desliz sin importancia. Si tu relación va bien y confías en sus sentimientos, hay que quitarle hierro.

Si ha sido él quien te ha dado a conocer el hecho, aprovecha para hablar sobre el tema, siguiendo los pasos del punto anterior.

Aunque tengas claro que le vas a dar otra oportunidad, siempre es bueno reflexionar.

En muchas ocasiones son ellos los que piden esa segunda oportunidad y juran y perjuran que te quieren con locura y que sólo ha sido un desliz sexual que nada tiene que ver con el amor. Desconfía de este argumento, porque suele ser una justificación que utilizan para tranquilizar su conciencia. Y los que utilizan estos argumentos suelen ser los que recaen en sus infidelidades.

Si se te hace difícil dar el paso para olvidar y darle una segunda oportunidad, recuerda:

■ Perdonar es de sabios.
■ Quítale hierro al asunto. En caliente todo se magnifica. Date tu tiempo y piénsalo en frío.
■ Ponte en su lugar. Piensa que a ti te gustaría tener otra oportunidad si cometieras una infidelidad.
■ Recuerda las cosas buenas de la relación y apuesta por aprovecharlas al máximo.

Si ha sido él quien te ha informado de su aventura, es decir, si os enfrentáis a la situación, darle una segunda oportunidad también va a ser positivo para ti. Insiste en que lo haces porque le quieres. No trates de culpabilizarlo en exceso porque se puede poner a la defensiva y acabar siendo negativo. Déjale claro que eres una persona comprensiva y flexible, confías en él y sabes que te quiere.

Ante este argumento, la imagen que él tiene de ti no puede más que mejorar. Si realmente te quiere, una demostración de amor como ésta hará que se lo piense dos veces antes de volver a tener tentaciones de serte infiel.

De este modo, te preferirá a ti antes que a un lío pasajero, no porque lo amenaces con dejarlo sino porque eres realmente buena.

Otra posibilidad es que te hayas enterado de su infidelidad por terceros o por evidencias y prefieras no decirle a él que lo sabes. Si aún así decides darle una segunda oportunidad, puede resultar constructivo. En el caso de que no vuelva a haber una infidelidad, demostrará que la otra vez fue un hecho sin importancia que tú supiste entender y no magnificar para que vuestra relación continuara. Seguro que luego te ríes de las tonterías que podías haber hecho si le hubieras soltado todo lo que pensabas.

Sin embargo, si le das una segunda oportunidad y la cosa se repite, tal vez debas optar por otra de las medidas que te proponemos.

Dar un giro en la relación

No es extraño que una infidelidad destape una serie de cuestiones que no funcionan en vuestra relación de pareja. Es el momento de preguntarse si el desliz de tu pareja se ha producido porque tal vez falta *feeling*, gancho o pasión. A veces estas cosas pasan. La relación puede ir cayendo en la rutina sin que os deis cuenta. Hasta que un día se presenta la posibilidad de tener un lío pasajero. Entonces no dices que no simplemente porque es algo diferente a lo de todos los días.

¿O nunca se te ha ocurrido irte con otro para probar algo nuevo y atractivo que rompa con la monotonía?

En este caso, si la infidelidad de tu pareja sirve para darse cuenta de que tenéis que tomar medidas para que la relación dé un giro y vuelva a ser pasional, tal vez no se deba considerar como un hecho negativo. Puede ser simplemente el detonante de algo nuevo y bueno.

Como siempre, permíteme varias recomendaciones. Es necesario que tú y tu pareja reconozcáis que ambos tenéis la culpa de haber entrado en una fase de la relación en la que falta motivación. Pero no sólo eso: ahora es importante que los dos queráis acabar con la monotonía y os pongáis las pilas para volver a la pasión de otros momentos.

No permitas que te culpe sólo a ti de una situación de pareja aburrida. Si hasta ahora no se había dado cuenta de que faltaba emoción en vuestra relación, ¡será porque tampoco había hecho nada por luchar contra la monotonía! No admitas que te exija que seas la única que cambie. Recuerda que una relación de pareja es cosa de dos y que ambos deben poner su granito de arena para que el amor y la pasión fluyan.

La visita al terapeuta

Si consideras que la infidelidad de tu pareja no se puede consentir y crees que no puedes afrontar sola el problema, es el momento de decidirte a buscar un terapeuta. No vas a ser la primera que ante una infidelidad pierda los nervios, coja una depresión o simplemente se encuentre en un estado emocional que no le permita reflexionar con frialdad e intentar buscar una salida al problema.

Es posible que no estés dispuesta a hablar, ni a darle otra oportunidad porque sí, pero tampoco quieres perderlo. Quieres que sea otro el que analice la situación; el que busque si hay algún motivo que haya llevado a la infidelidad y qué tipo de infiel es tu pareja; y el que os reconduzca hacia la reconciliación.

¿Te parece casi imposible? No te preocupes. Esa persona existe. En algunos casos es muy conveniente que recurras a un profesional porque sólo alguien no implicado tiene suficiente sangre fría y lo ve todo desde una perspectiva no emocional. Hay terapeutas especializados en relaciones de parejas, principalmente psicólogos, aunque cada vez hay más especialistas en medicinas alternativas que también os pueden ayudar.

Pagando con la misma moneda

No es raro sentir odio y rencor hacia la pareja que te ha sido infiel y que consideras que te ha engañado. En esos momentos, puedes ser capaz de hacer cosas que en estado normal no harías.

¿A quién no se le ha pasado por la cabeza pagar con la misma moneda? Es decir, que como respuesta a un desliz puedes optar por serle también infiel. Puede resultarte una solución un tanto frívola, pero hay pruebas de que en muchas ocasiones resulta un método muy eficaz para atraer finalmente la atención del otro. No quieres que tu pareja te sea infiel y pretendes mostrarle de forma expeditiva que su actitud te molesta, disgusta y enoja.

Serle infiel a tu pareja, además, te servirá para pasártelo bien un rato. Si no estás acostumbrada a salir a la caza de un hombre para una noche, se puede convertir en una aventura interesante (más adelante te daremos algunos consejos sobre cómo hacerlo).

Siempre va bien dejarse aconsejar por alguna amiga. Y no es necesario liarse con cualquier ser masculino, sea cual sea su condición. No te subestimes y busca alguien que te interese, dejándole claro que es para una vez y punto. Luego debes darle la noticia a tu pareja. Hazlo sin arrepentimiento y sin regodearte.

¿Qué ventajas sacarás de esta aventura?

■ Podrás probar cómo se siente una siendo infiel e intentar encontrar una razón a la infidelidad de tu pareja. A lo mejor descubres que es fantástico y que a partir de ahora te es igual que él sea infiel porque tú lo vas a ser en la misma medida.

■ Pondrás a prueba a tu pareja. Verás cómo reacciona sintiéndose igual que tú: engañado.

■ Al verse reflejado en el espejo, puede que se dé cuenta de que no le gusta esa actitud, rectifique y a partir de ahora decida optar por la fidelidad.

Este remedio tan drástico no siempre da los frutos esperados. También puede ser que tu despecho acabe con la pareja. Aunque tal vez eso no sea tan malo. Piensa si realmente te convenía alguien que es infiel, pero que no acepta que tú también lo seas.

Una vez vale, pero más de una ¡ni hablar!

Muchos de los consejos que has podido leer hasta ahora van dirigidos a intentar solucionar los problemas cuando la pareja te es infiel. Damos por sentado que, a pesar de que tu pareja ha tenido un lío, quieres continuar con él y estás dispuesta a hacer un esfuerzo.

Pero, ¿y si no se trata de una única infidelidad? ¿Y si descubres que es una práctica habitual? ¿Y si después de intentar superar el problema vuelve a ver otra u otras en su vida? ¿Hasta cuándo hay que aguantar?

Como siempre, es muy difícil dar un consejo que sirva para todo el mundo. Sin embargo, una cosa es segura: si a ti te disgusta que tu pareja te sea infiel, puedes aguantar un lío o tal vez dos. Pero si él reincide una y otra vez, hay alguna cosa que falla y es posible que sea el momento de decirle adiós.

Piensa que:

- Si no quieres que él te sea infiel, se lo has dicho y reincide una y otra vez, está claro lo que sucede. Te encuentras ante alguien a quien no le importan nada tus sentimientos o convives con un enfermo crónico.
- Tus sentimientos hacia él se irán deteriorando porque no puedes confiar en alguien que repite una actitud de ese tipo.
- Tal vez piensas que una infidelidad es un problemilla sin importancia que se puede superar, pero cuando son dos, tres, cuatro... el problema es cada vez más gordo y más difícil de solucionar. Si él tiene esa tendencia, difícilmente conseguirás que cambie si no lo ha hecho ya.

¡Hasta aquí podíamos llegar! Se acabó

Para algunas mujeres, no hay nada que hacer ante una infidelidad. Para ellas, la fidelidad debe ser total y el amor no se puede entender si la pareja tiene un desliz con otra. Una infidelidad es, en estos casos, una bomba de relojería que hace explotar la relación.

Para una mujer que no soporta esto, que él haya tenido un lío con otra significa perderle la confianza, pensar que la otra es más importante y que él prefiere una aventura a una relación estable y con amor. Ante esta situación, solamente es posible poner tierra de por medio.

Si tú formas parte de este grupo, no te sientas un bicho raro. Aunque haya mujeres que consientan las infidelidades, lo cierto es que a la mayoría no les hace nada de gracia. La infidelidad puede producir reacciones similares a las alergias o fobias. Tal vez pensabas que estabas locamente enamorada de tu pareja y, sin embargo, un día te enteras de que te ha sido infiel. Entonces empiezas a verle como un ser monstruoso, le encuentras todos los defectos, ya no sientes amor por él y te das cuenta de que no podéis continuar compartiendo vuestras vidas.

Puede parecerte un ejemplo exagerado, pero te aseguro que sucede en muchas ocasiones. Y en muchas otras, las mujeres intentamos engañarnos a nosotras mismas, pensando que podemos sobrellevar una infidelidad, y sin embargo, nos corroe por dentro el odio hacia el otro. Al final, esta animadversión saldrá a la luz y la relación se acabará.

¿Dónde quiero llegar con toda esta reflexión? A que si realmente no toleras la infidelidad, no dudes en cortar por lo sano ante esta situación.

Si crees que vas a tomar esta actitud, déjame darte una serie de consejos. Son para tenerlos en cuenta antes de que suceda:

- Déjale claro que nunca aceptarás que te sea infiel.
- Dile que no es una cuestión de falta de confianza, sino que tú, por ser como eres, sabes que te sentirías muy mal ante una infidelidad. No tendrás más remedio que dejarlo correr.
- Haz que él te explique qué opina al respecto. Descubrir al principio que él no te puede asegurar que te será fiel como

tú deseas tal vez te evite malos ratos. Dicen que más vale prevenir que luego sufrir.

Como ya te he dicho, son medidas a tomar si estás convencida de que no vas a soportar a un infiel. Pero, ¿y si ya ha sucedido sin que hayas tomado estas medidas?

■ Déjalo y punto. Sin demasiadas explicaciones. Simplemente le dices que no entiendes una relación donde no haya fidelidad total.

■ Lee las propuestas que te hemos realizado a lo largo del capítulo. Tal vez decidas pedirle explicaciones o darle una segunda oportunidad.

Solo tú debes tomar la decisión

Si una cosa tienes que tener clara cuando se te plantea el dilema de qué hacer ante una infidelidad, es que sólo tú debes tomar la decisión.

Ya sé que ante esta situación muchas veces se prefiere hablar con amigas o algún familiar próximo. Hablarlo no está mal, ayuda a desahogarse y quitarle hierro al problema. Pero piensa que los consejos de personas muy próximas están más marcados por los sentimientos que por el sentido común. Y recuerda que ante estos problemas es mejor tener sangre fría y pensar en los pros y contras, dejando de lado los sentimientos.

Tus amigos o familiares van a querer, sobre todo, que no sufras. Siempre se van a poner de tu parte y demonizarán a tu pareja. Tal vez lo que necesitas es reflexionar, hablar con él para saber por qué lo ha hecho, entender si es grave o no.

Por eso, te recomiendo que hables con tu pareja. Si tú sola no puedes hacerlo, recuerda que hay terapeutas que os ayudarán. Si decides hacer partícipes del problema a tus personas más cercanas, sé consciente de que te van a influir. Eso sí, siempre pensando en tu bien. Ante todo no quiero que pienses que justifico las infidelidades y que apuesto siempre por dar una segunda oportunidad a tu pareja. Simplemente, pienso que cada caso es un mundo, que cada pareja es diferente y que debes ser tú, sin dejarte llevar por el primer cabreo que te produzca la situación, la que tomes la decisión que más te convenga.

El manual
de la infiel

Si has comenzado a leer este capítulo, no tienes excusa. Te ha picado el «gusanillo» de la curiosidad. Reconoce que, aunque sólo sea por una vez, se han cruzado por tu cabeza pensamientos de infidelidad. Seguro que te has hecho preguntas del tipo: ¿Sería yo capaz de acostarme con otro hombre? ¿Qué tiene de excitante lo prohibido? ¿Cómo será Fulanito o Menganito en la cama? ¿Si tuviera una aventura cambiaría en algo nuestra relación? ¿Nunca más me acostaré con ningún otro hombre que no sea mi marido? Y lo más importante: ¿Se daría él cuenta de algo?

No te asustes, no eres un bicho tan raro. Es bastante habitual que, tanto hombres como mujeres, fantaseemos con situaciones amorosas hipotéticas con alguna persona conocida o un amante imaginario. Esta situación se produce, sobre todo, cuando la pareja no está pasando por su mejor momento, cuando la rutina y el aburrimiento se han instalado en nuestra casa. ¿Es éste tu caso?

Quizá, desde que empezó vuestra relación, nunca has estado con otro hombre que no fuera tu marido o novio y ahora tienes la sensación de estar perdiéndote algo. Piensas que te has convertido en espectadora de excepción de una vida que dejó de ser tuya en el momento en que te acomodaste. Quizá sientas que estás dejando escapar nuevas experiencias sin atreverte a dar un paso.

Sigues con las mismas rutinas de siempre y tal vez te estás haciendo mayor. Sueñas con conocer a un jovencito guapetón que te haga sentir hermosa de nuevo o tal vez crees que mereces algo más: que estén por ti, te mimen, te traten como a una reina, te hagan tocar el cielo con la punta de los dedos... ¿Te reconoces?

Tal vez has descubierto que tu chico te está engañando con otra y eso es algo que no entra en tus estructuras mentales y que no puedes soportar. O sólo lo sospechas y él no cesa de negarlo. Te sientes traicionada, humillada y herida. Después de llorar y desesperarte, decides poner manos a la obra y pagarle con la misma moneda. Estás rabiosa. En este momento es cuando alguien puede darse cuenta de tus necesidades y aprovechar la situación para conquistarte. Sin darte cuenta, te has convertido en terreno abonado para cometer una infidelidad.

Con estas reflexiones en voz alta no pretendo –ni mucho menos– que te lances a la calle a encargar un par de cuernos para tu chico. Nada más lejos de mis intenciones. Como ya he apuntado en capítulos anteriores, soy defensora a ultranza de la comunicación, el diálogo y el respeto dentro de la pareja. Y, por supuesto, la infidelidad no está entre mis fórmulas. Pero ya sabes que en todas las facetas de esta vida, las cosas no son ni tan blancas ni tan negras como pensamos. Siempre hay diferentes factores a tener en cuenta.

Piénsalo bien

Si quieres dar el paso, ¡adelante!, no le des más vueltas. Eres una persona adulta y es tu decisión. Pon los pros y los contras en cada plato de la balanza. Piensa, en primer lugar, en tu pareja y en vuestro entorno más cercano (familia, amigos o hijos si los hay).

Pero también piensa en ti y reflexiona sobre lo que buscas y lo que estás dispuesta a encontrar en esta relación extraoficial que pretendes iniciar: si buscas un sustituto de tu pareja, si quieres enamorarte –o ya lo estás– o si simplemente quieres darle una alegría al cuerpo.

Y, por último, antes de embarcarte en este tipo de aventuras has de tener en cuenta a esa tercera persona que te atrae: qué espera de lo vuestro, si es una persona libre de ataduras, si está enamorado de ti, si sólo busca un pasatiempo o si quiere convertirse en tu pareja para siempre.

Sé infiel, pero mira con quién

Si finalmente has decidido pegársela a tu pareja y aún no sabes por dónde empezar, te aconsejo que fijes tu objetivo entre las personas que puedan estar en tu misma situación.

Si buscas únicamente una aventura, no una nueva relación ni un compromiso, es mejor que tu «ligue» sea un hombre casado o que también viva en pareja. Alguien que, como tú, no esté dispuesto a romper con su relación. Él quiere que las cosas sigan como están: con su vida familiar en orden y un poco de sal y de pimienta para amenizar una vida que considera aburrida.

Si, por el contrario, tu ligue es una persona soltera o libre de compromisos, corres el riesgo de que se enamore de ti y te exija algo más, consiguiendo desestabilizar tus estructuras mentales y tu frágil equilibrio emocional. En este caso, valora si lo que quieres es sólo una aventura o poner fin a tu relación estable y buscar nuevos horizontes.

Dónde buscar

Para contactar con personas dispuestas a cometer infidelidades, sólo tienes que mirar alrededor y buscar señales. Las opciones son múltiples y variadas. Sólo tendrás que elegir si quieres dar la cara, o no. Apuntamos unas cuantas ideas:

- **Bares de copas, discotecas...** Puedes dar el primer paso en un bar de copas, discoteca, pub o club de moda. En cada ciudad hay algún local de sobras conocido al que acuden personas casadas o con pareja con ganas de relacionarse. Suelen ser locales de «maduritos» en los que suenan canciones de ayer y de hoy, que abren en horarios de tarde o noche, pero nunca de madrugada (¡habría que dar demasiadas explicaciones en casa!). Si preguntas entre tus amistades, seguro que sabrán darte razón de unos cuantos... Fíjate, sobre todo, en la marca que dejan las alianzas matrimoniales en el dedo anular de tus conquistas. Hay que ver lo poco discretos que son algunos...

■ **Internet.** Si no te apetece salir de caza, adentrarte en la red es tu opción. Como para casi todo, Internet se convierte en el paraíso de los que buscan y de los que encuentran: es rápido, discreto y directo. No te engañes. El 99 por ciento de las personas adultas que entran en un chat tienen la intención de ligar. En los principales servidores hay opciones en las que puedes contactar con personas que, al igual que tú, están ávidas por entablar una relación del tipo que sea. Son los chats de las páginas web más importantes y que todo el mundo conoce: lycos, yahoo, hotmail, mns, hispasat... en los que puedes entrar en contacto con gente de tu misma ciudad e intereses.

Navega por www.meetic.es, uno de los lugares más visitados en el que solteros y solteras de todo el país se promocionan. Pero ¡ojo!, has de tener en cuenta que no todos son casados infieles en esta página y que podrías romper más de un inocente corazón solitario. Y eso no era lo que buscabas.

Otra de las ventajas de Internet es que no tienes que revelar —en primera instancia— tus datos personales. Si nunca te has atrevido a entrar, ésta puede ser una primera incursión. Verás lo entretenido que es. Busca un «nick» (apodo) divertido, desarrolla un perfil atractivo en el que hables de ti y, sobre todo, concreta qué es lo que andas buscando.

Si eres de las que prefieren ir al grano, has de saber que también existen canales específicos de sexo y amor en los que se conectan personas que huyen de los preámbulos y que desde el primer momento ya muestran sus cartas. Hablamos de lugares como www.infielesenlaweb.com o muchos otros que tú solita serás capaz de descubrir. Con esta base ya puedes lanzarte a conocer gente y descubrir nuevas experiencias. ¡El mundo es tan ancho como la banda por la que navegas!

Anuncios por palabras. Otra opción nada desdeñable son las secciones por palabras que se publican en diarios o en prensa local. En ellos se mezclan anuncios de personas que buscan piso o alquilan habitaciones, con las que venden una bicicleta, quieren ampliar su círculo de amistades, encontrar al amor o, simplemente, practicar sexo con desconocidos.

Teléfono móvil. También en los últimos tiempos se están poniendo de moda los contactos a través de los mensajes de texto del móvil. Hay páginas especializadas, como www.smscontactos.es, que te ofrecen la posibilidad de contactar con personas de tu ciudad o entorno cercano que, al igual que tú, están deseosas de conocer gente diferente y vivir nuevas experiencias. Algunos programas nocturnos en la televisión también ofrecen la posibilidad de enviar mensajes de texto (que se sobreimpresionan en la parte inferior de la pantalla) y en los que triunfa esta fórmula para buscar y encontrar.

Consejos para no ser descubiertos

Una vez has conocido a la persona, puedes pasar directamente a la acción. No pierdas el tiempo en largos preámbulos ni quieras conocer demasiados detalles de aquél que va a compartir los juegos de cama contigo. Cuanto menos sepas de él, mucho mejor. Créeme. No estás buscando un amigo ni un confidente, sino un amante (o amantes). Así que no sufras por parecer demasiado impulsiva, ya que él también está deseando pasar a la acción y, seguramente, él tampoco tenía previsto invitarte al cine ni dar largos paseos a la luz de la luna...

Desde el primer momento en que decides embarcarte en una aventura de este tipo deberás tener en cuenta algunos puntos, si quieres que tu historia se mantenga en secreto.

Tu mejor aliada, la discreción. No se lo cuentes a nadie. Aunque te mueras de ganas de hacerlo, no es necesario que grites a los cuatro vientos que te estás viendo con alguien, que es muy guapo y que te hace sentir de maravilla. Recuerda el dicho: «¿Te cuento un secreto, amigo? Mejor guardado estará, si no te lo digo». Cuantas menos personas conozcan tu secreto, más podrás disfrutar la situación y, sobre todo, te asegurarás que tu pareja no sospeche nada.

Para ello deberás seguir con tus rutinas diarias. Sería un error que comenzaras a ir más a menudo a la peluquería, estrenaras ropa cara o renovaras todas tus existencias de ropa interior, cambiando las braguitas blancas de algodón y los sujetadores tipo camiseta por sofisticados conjuntos de raso y transparencias en sugerentes tonos negros.

Tampoco te inventes una nueva ocupación ni compromiso: no ha llegado ninguna antigua amiga de la infancia desde Argentina (por decir cualquier país) que te requiera día sí y día también para ir de compras, hacer turismo o buscar apartamento. Intenta llegar a casa a la misma hora que de costumbre y continuar realizando las mismas actividades de siempre, especialmente aquellas que compartes con tu pareja. Se trata de que no sospeche nada.

No exhibas los regalos que él te haga. Y no le envíes mensajitos comprometedores a través del teléfono móvil: se han dado casos de equivocaciones y cruces de mensajes que han resultado reveladores.

Memoriza otro nombre que no sea el suyo junto a su número de teléfono en tu móvil. Cuando atacan los celos, las agendas de los teléfonos móviles son lo primero que se revisa. El mismo consejo sirve para su «nick» de Internet.

Búscate un confidente. Conviene que una persona de total confianza –tu mejor amiga, por ejemplo– esté al corriente de tu aventura. Además de escucharte y darte consejos, también podrá ser una coartada magnífica si llegara la ocasión. Tu amiga del alma también sabrá decirte hasta dónde puedes llegar, comentarte algo si ve que la historia se te escapa de las manos o avisarte si piensa que hay rumores o sospechas que podrían llegar a oídos de tu pareja.

Además, en los momentos bajos, las amigas también tenemos anchos hombros sobre los que llorar.

Busca un lugar seguro. No te dediques a pasear a tu nuevo chico –o tus nuevos chicos– por el centro de ls ciudad, ni te sientes con él a tomar unas cañitas en la terraza más popular donde todo el mundo os pueda ver –¡incluída tu madre!–. No hace falta insistir en que no te conviene que todos sepan que tienes un lío.

Bajo ningún concepto lleves a tu ligue a casa o acudas a la suya, ya que corréis el riesgo de dejar pistas o de que os vea alguna vecina (que no suelen caracterizarse por su discreción, precisamente). Tampoco se te ocurra hacer «cositas» en un parque o en los aseos de un cine. ¡Hasta aquí podríamos llegar! ¿Recuerdas el escándalo que montó Hugh Grant hace unos años cuando lo pillaron en plena faena en un coche acompañado por una prostituta? ¡Imagínate la cara de la modelo que tenía por novia! Lo mejor será que busquéis un hotelito discreto o una habitación que se alquile por horas donde podáis acudir sin ser descubiertos. Cuanto más caro sea el hotel, mejor quedarás con él y más cómodos os sentiréis. Pero la broma os puede salir por un ojo de la cara, así que la opción de contratar un apartamento por horas no es nada desdeñable. Encontrarás direcciones y teléfonos en las páginas de «contactos» de los periódicos de tu ciudad. Y tranquila, la discreción es su razón de ser y el secreto de su buen funcionamiento.

Existen locales discretos a los que puedes acudir con tu «chico-no-oficial» sin temor a las miradas indiscretas y a los chismes. En la mayoría de ellos alguien se encarga de que no os crucéis con ningún otro «huésped» e, incluso, de ocultar la matrícula del coche con el que habéis llegado para que nadie pueda reconocerlo. Son lugares especializados en los que encontraréis todo aquello que podáis necesitar: jacuzzi en el baño, champagne en la nevera, hilo musical, preservativos en la mesita de noche... Además, la decoración suele ser de lo más sugerente y hay un gran surtido de películas eróticas.

Haz que valga la pena. Puestos a pecar, haz que el objetivo valga la pena. No vayas a arriesgar la estabilidad de tu matrimonio –feliz o no tanto– por un simple capricho que va a durar dos días o por una persona que no vale ni la mitad que tu pareja.

En primer lugar, has de conseguir que todo encuentro sea especial, mágico, diferente, excitante, misterioso y, sobre todo, placentero. ¿De qué sirve una aventura si lo único que nos va a aportar van a ser disgustos, sobresaltos e incomodidades?

Cómprate ropa sexy para volverle loco y lánzate a descubrir nuevas formas de expresión en la cama. Quién sabe si, tras estas prácticas extraoficiales, no acabes proponiendo a tu marido o pareja nuevos juegos y actitudes que beneficien vuestra relación. Deja en un rincón los camisones de algodón modelo «*La casa de la pradera*» y los calcetines de lana.

Mil y una excusas para verte con tu amante

Siguiendo con nuestra regla de oro de la discreción como principal aliada, hay que buscar el mejor momento para disfrutar de la compañía de nuestro amante sin que el resto del mundo se entere. La infidelidad agudiza el ingenio y todos, hombres y mujeres, llegan a inventar mil y una estratagemas para poderse ver en secreto con su amante. Te descubrimos algunas:

■ **El trabajo extra** en la oficina es todo un clásico. Un nuevo proyecto, una reunión de última hora, una visita sorpresa de un proveedor, un viaje relámpago... son siempre excusas creíbles y difíciles de descubrir, a no ser que tu pareja trabaje en la misma empresa o sea de los que suelen pasar a recogerte.

■ **Aprovechar las horas de trabajo** con alguna excusa, como una visita al médico o tener que llevar el coche a pasar la ITV. Si además llegas tarde y enfadada por lo mucho que te han hecho esperar y lo mal que te han tratado, el efecto es mucho más creíble.

■ **La visita al ginecólogo.** Seguramente él no querrá acompañarte. Para un hombre resulta de lo más aburrido acudir a lugares exclusivos para mujeres y, además, seguro que no querrá verle la cara al hombre que te va a examinar. Lo malo de esta opción es que la visita no suele durar más de una hora, contando tiempo de espera, examen y desplazamiento.

■ **Una amiga en apuros.** Es totalmente comprensible que quieras estar al lado de una amiga que ha sido abandonada por su pareja o esté pasando una mala racha en el trabajo. Por discreta que seas, algo le tendrás que contar cuando se interese por el estado de tu amiga, no te vayas a quedar en blanco. ¡Ah!, avisa a la amiga en cuestión, no sea que se encuentren por la calle y le pregunte.

■ **Un canguro a tu sobrino** o al niño de unos amigos. Dile que es un favor que te han pedido y que no has podido decir que no. Lo tienes perfecto para que no te llame al móvil, ya que podría despertar al chiquitín. Atención, esta excusa no es apta para novios muy niñeros.

- **Culto al cuerpo.** Explícale que, por fin, has decidido cuidarte y te has apuntado al gimnasio, que te lo vas a tomar en serio y acudirás cada día para seguir unas rutinas de ejercicios que te conviertan en la mujer diez. Dispondrás cada día de al menos tres horas en amplios horarios. Ten en cuenta que has de llegar a casa con el pelo mojado y la bolsa de deporte a cuestas y que la ropa interior de encajes no es la más adecuada.

- **También sirve como excusa** cualquier curso de yoga, tai-chi, reiki, danzas del vientre, meditación, curso de cocina —japonesa, hindú, mediterránea, con microondas...–, cerámica o restauración de muebles... Hay mil y una opciones, pero tendrás que adquirir algún conocimiento sobre la materia que elijas, no sea que a tu chico se le ocurra examinarte.

- **Llevar el coche al mecánico.** Es la más surrealista, ya que a ninguna mujer le gusta encargarse de esta tarea, pero seguro que él lo encuentra de lo más sexy. Además, tampoco se extrañará si el coche no presenta cambios, normalmente te lo devuelven casi igual. Esta excusa es peligrosa, ya que igual se ofrece a acompañarte.

Qué hacer si te pillan

Dicen que los hombres engañan más a sus parejas, pero las mujeres lo hacemos mejor. Aún así, no somos perfectas y a veces las cosas no salen como habíamos planeado. Quizás esa historia que para ti no era importante ha llegado a oídos de tu pareja y ahora te pide cuentas y te exige que seas sincera con él. Si no quieres dar al traste con vuestra relación, puedes optar por una de las dos vías posibles: confesar o negar. Valora tus sentimientos y actúa en consecuencia. Muchas personas llegan a negar con vehemencia auténticas evidencias, incluso cuando han sido pilladas *in fraganti*. Otras prefieren confesarlo todo y arrepentirse. Como en tantas cosas, la decisión es sólo tuya.

Confesar una infidelidad

¿Has sido infiel a tu pareja y ahora la culpa no te deja vivir? ¿Estás arrepentida y crees que lo mejor será explicárselo todo y jurarle que algo así no volverá a suceder? Confesar una infidelidad no es nada sencillo y hacerlo es, después de todo, un acto de gran valentía y una decisión muy personal.

Evalúa los pros y los contras que se derivarán de tu decisión antes de dar un paso así. Es casi inevitable que aparezca el miedo a no ser perdonada, al castigo y al abandono, razones por las cuales muchas personas prefieren llevarse el secreto a la tumba y convivir con la culpa por haber engañado a la persona que los ama. A veces, optar por el silencio resulta más nocivo que correr los riesgos de decir la verdad, pues sostener una mentira requiere de una gran energía y no todos estamos preparados para soportar una carga tan pesada.

Has de ser suficientemente madura para enfrentarte a la realidad y no presentarte como una víctima de los acontecimientos. A diferencia de él, tuviste la posibilidad de elegir y, por lo tanto, eres responsable de tus actos.

Tú sabrás cuáles fueron las razones que te llevaron a buscar fuera de casa lo que creíste que tu chico no podía ofrecerte, y cuáles son los atenuantes a tener en cuenta en su caso particular. Valora los motivos a la hora de decidir o no abrir un diálogo maduro con tu pareja para hablar de lo sucedido. Si le quieres, muéstrate arrepentida y dispuesta a esforzarte por cambiar una situación que no te satisfacía. Pide su colaboración y trabajad conjuntamente por el bien de la relación.

Test

Te propongo un cuestionario para que compruebes si serías capaz, o no, de serle infiel a tu pareja. Pon tu mano sobre el corazón y contesta con la mayor sinceridad posible a estas preguntas (y no mires los resultados hasta el final):

1. ¿Amas a tu pareja?
   A. Como el primer día.
   B. Sí, aunque las cosas ya no son como antes.
   C. Siento un gran respeto por él. Es el padre de mis hijos.
   D. No lo soporto.

2. ¿Cuál sería el principal motivo que te llevaría a ser infiel?
   A. Sería incapaz de estar con otro hombre.
   B. Tengo la certeza de que me está engañando con otra.
   C. Necesito sentir que todavía puedo volver loco a un hombre, que soy joven y hermosa.
   D. La infidelidad es genial porque te permite presumir de tus conquistas.

3. ¿Qué tipo de amante buscarías?
   A. No cambiaría a mi chico por nada en el mundo.
   B. Me gustaría encontrar a alguien como era él... hace unos años.
   C. Un hombre que me trate como a una reina.
   D. Un hombre apasionado y morboso.

4. ¿Perdonarías a tu pareja si te fuera infiel?
   A. Me cuesta imaginar que pudiera hacerme algo así.
   B. Sólo si me asegura que me ama y que nunca más volverá a suceder.
   C. Sí. Son cosas que pueden suceder.
   D. Me encantaría que él también tuviera aventuras extramatrimoniales. Sueño con formar parte de una pareja abierta.

5. ¿Confesarías una infidelidad?
A. Por supuesto. Creo que sería incapaz de convivir con la culpa.
B. Quizás.
C. Quién sabe.
D. Jamás he confesado una infidelidad a mi pareja. Sólo a mis colegas.

6. ¿Crees que la infidelidad es la única solución a lo vuestro?
A. La infidelidad nunca es una solución, sino un problema.
B. No es una solución, pero puede significar un motivo de reflexión y toma de decisiones.
C. No es una solución, pero sí una válvula de escape.
D. La infidelidad siempre es un placer.

7. ¿Cuáles son las bases para que una pareja funcione?
A. La confianza, el respeto y mantener vivo el romance.
B. La confianza, el respeto y el diálogo.
C. Mantener una vida social amplia.
D. Si el sexo funciona, todo funciona.

8. ¿Qué sería para ti lo más negativo de una infidelidad?
A. Traicionar a mi pareja.
B. Tirar por la borda una relación madura por un capricho.
C. Hacer daño a mi pareja y a mí misma.
D. Que me pille mi marido o nos pille su mujer, o sus hijos...

Solución:

■ **Si la mayoría de tus respuestas ha sido «A».** Eres una persona completamente fiel, que no le pasaría por la cabeza engañar a la persona que ama y con la que es feliz. Estás enamorada como el primer día y tu relación sigue viento en popa. Si algún día dejara de funcionar, estoy segura de que buscaríais la fórmula para seguir adelante con una historia que vale la pena. Hablando se entiende la gente y haciendo sentir especial a tu pareja se cimientan las bases de tu romance. ¡Felicidades!

■ **Si la mayoría de tus respuestas ha sido «B» o «C».** Amas a tu pareja pero ¡ojo! las cosas ya no son como el primer día y esa monotonía puede llevaros a buscar algo de emoción fuera de la pareja. En realidad, tú ya te lo has comenzado a plantear e incluso has llegado a sospechar que él podría serte infiel. Si quieres poner fin a esta situación, coge al toro por los cuernos y atrévete a hablar de lo que esperas de vuestra relación. Convence a tu chico de la importancia de esta reflexión y prepárate para vivir una segunda luna de miel.

■ **Si la mayoría de tus respuestas ha sido «D».** No tienes remedio. El gen de la fidelidad no se encuentra en tu ADN y te va a ser imposible mantener tu relación a flote sin picotear aquí y allá. Si tu chico es como tú, ¡enhorabuena!, encontraste la horma de tu zapato con la que puedes formar una pareja abierta y liberal. Si por el contrario él es una persona fiel, vas a conseguir amargarle la vida por completo.

Diez reglas de oro para evitar que tu chico te sea infiel

Si te has planteado serle infiel a tu chico, tal vez ahora te pase por la cabeza que él también haya tenido este tipo de ideas. Si vuestra relación no pasa por el mejor momento, puede ocurrir que seas tú misma la que «animes» a tu pareja a mirar a su alrededor y comprobar que hay vida más allá de lo vuestro. ¿Qué hacer?

Un exceso de celo en el control de tu pareja puede resultar de lo más contraproducente. Y es que existen auténticas expertas en generar el caldo de cultivo justo para empujar a su amorcito hacia la tentación. Veamos algunas normas que hay que seguir si quieres evitarlo:

1. **No te muestres celosa.** Si muestras celos desmesurados, lo único que conseguirás es que él solito se dé cuenta de que es capaz de ir por la vida rompiendo corazones y, algún día, se lance a comprobarlo.

2. **No critiques a sus amigas.** Le empujarás a profundizar en esa amistad que tú no apruebas para demostrarte que esa persona es mejor de lo que piensas y... quién sabe, quizá tanto ahondar en el conocimiento lleguen a algo más íntimo.

3. **No menosprecies a sus amigos.** Saldrá más a menudo con ellos y no contará contigo para esas salidas y... ya sabes lo peligrosos que se vuelven los hombres cuando salen en grupo.

4. **No le nombres** a cada momento que Fulanito te parece tan atractivo. Le animarás a buscar en su entorno a alguien que también le pueda resultar atractiva.

5. **No le comentes las relaciones extramatrimoniales** de amigos, conocidos o compañeros de trabajo. Evítale la tentación de imitar actitudes que puedan parecer de lo más habitual.

6. **No le tortures diciéndole** lo que le harías si lo «pescaras» con otra. Estarás dando por sentado que algo así puede ocurrir.

7. **No seas infiel.** Recuerda que: «Ojo por ojo, diente por diente».

8. **No le preguntes** para quién se arregla si notas que está más guapo que de costumbre. Da por sentado que lo hace para ti.

9. **Planifica con tu pareja a largo plazo.** Esto reafirma el vínculo y genera seguridad y confianza.

10. **Escúchale.** El diálogo suele ser el mejor camino para salvar diferencias y mejorar una relación.

Conjuros, pócimas
y demás

Hasta aquí, serios consejos, cuestionarios, ejemplos reales y recomendaciones profesionales. Ahora, si nada de todo esto ha funcionado, te propongo que demos juntas un paso más allá.

Para solucionar los problemas de celos, tanto si te los provocan como si los provocas tú, te propongo aplicar unos sencillos remedios. ¿Qué necesitamos? Una pizca de humor, otra de fantasía y algunas recetas mágicas.

Has leído bien: magia. Pero no te preocupes, no hablo de hechizar a tu rival convirtiéndole en sapo ni te propongo hipnotizar a tu pareja para obligarle a hacer aquello que no desea. Ninguno de estos trucos funciona cuando lo que buscamos es diferenciar el verdadero amor del falso y tratar de que éste dure para siempre, protegiéndolo de enemigos externos e internos.

Desde la antigüedad, han existido personas que, dotadas de una sensibilidad especial o con capacidades más allá de lo normal, han ayudado a otros, escuchándoles y aconsejándoles en momentos de confusión. Sus recetas y pócimas no se pueden comprar en las farmacias o supermercados ni consultar en los libros de la biblioteca de tu barrio. Adivinos, brujos, druidas, magos, echadores de cartas o lectores de las líneas de la vida son sólo algunos de estos personajes a los que, desde todos los tiempos y en todo el planeta, han acudido muchos «enfermos de mal de amores». Por supuesto, me refiero a los que practican la magia blanca: aquella que no busca el mal ni la destrucción de nadie, utilizando sólo medios inofensivos.

No te voy a proponer que acudas a uno de ellos, pero sí que aproveches algunos de sus consejos. Apóyate en tu imaginación para dar espacio en tu vida a todo aquello que no puedes ver ni tocar. Por una vez, no recurras a fórmulas matemáticas –¡no siempre dos más dos son cuatro!– ni a leyes de la física. Busca en el fondo de tu corazón y de tu espíritu el poder de lo invisible y siente la energía de la naturaleza.

Para leer estas páginas, cárgate de ilusión y sentido del humor: aunque seas el animal más racional de la Tierra, defensora de los métodos científicos a ultranza y ni de pequeña te engañaran con los cuentos de hadas, dale una oportunidad a la magia. Aunque las pócimas, recetas y fórmulas que te propongo no sean efectivas para ti ni creas en ellas, pasarás un buen rato.

Como ya te he dicho, no podemos obligar a nadie que nos quiera... pero sí podemos ayudarle a hacerlo. A veces, la rutina se ha instalado de tal manera en nuestra vida de pareja que ya no somos capaces de recordar por qué estamos con esa persona. Se perdió «la chispa» por culpa del estrés laboral, las facturas que se acumulan, los problemas con los suegros o los dolores de cabeza. Entonces, sin querer o queriendo, podemos buscarla en otros ojos o en otros brazos.

Recupera la imaginación y la ilusión. Para que las recetas mágicas que más adelante te voy a dar funcionen es necesario que te sientas fascinante, intrigante... ¡una diosa del amor! Nota los poderes que todas las mujeres tenemos dentro. Si es así, ya estás preparada para el siguiente paso.

Baños de amor. Al levantarse, la mayoría de nosotros nos damos una buena ducha. El agua nos quita los restos de sueño, nos hace sentir limpios y frescos para acometer la nueva jornada. Mi amiga Silvia siempre dice que por la mañana, hasta que no se ducha no es persona.

Tras un día muy duro, ¿quién no sueña con llegar a casa y tomarse un baño? Además del poder relajante que le reconocemos, parece como si tratáramos de borrar las manchas que ese mal día ha podido dejar: discusiones con algún amigo, problemas de salud de algún ser querido o tensiones profesionales. Salimos de la bañera convertidas en alguien nuevo. Puesto que eso es lo que pretendemos en este capítulo, te propongo que empecemos por tomar un baño ritual. ¿Sabías que a la reina Cleopatra le encantaban los baños de leche de burra? Sin duda, esta faraona que conquistó a dos de los hombres más poderosos de su tiempo sin ser una gran belleza, lo hacía para cuidar su piel. Pero quién sabe si no lo hacía también para, en esos minutos de tranquilidad, recuperar toda su energía y preparar sus armas sensuales para «su próximo ataque».

Para atraer el amor

■ **Convocando a Venus.** Venus es la diosa del amor. Para tomar este baño, hierve siete palos de canela con trece clavos. Añádeles esencia de ámbar, afrodita y venus que puedes comprar en alguna tienda especializada. Relájate y toma tres baños seguidos, ofreciéndoselos a la diosa para conseguir ser atractiva y conquistar el amor. Ofrécele también una vela roja e incienso de jazmín.

■ **Rosa... donde el amor se posa.** Para atraer al amor de tu vida, incorpora en el agua de tu bañera tres partes de pétalos de rosa, una parte de jengibre y esencia de lavanda. Enciende una barrita de incienso de rosa y prende una luz de este color. Mientras te tomas el baño relajante, visualízate como alguien en armonía buscando su media naranja.

■ **A la cubana.** Cuando se trata de nuestro futuro amoroso, más vale tener contentos a todos los dioses y santos habidos y por haber. No convoquemos sólo a Venus o San Antonio de Padua. ¿Por qué no recurrir a Ochún? Adorado en Cuba, fruto de la fusión entre el catolicismo de los conquistadores blancos y la religión africana de los esclavos, tal vez pueda echarnos una mano. Hazte con tres rosas amarillas, cinco granos de maíz, una cucharada de miel, cinco clavos de especie y cinco ramitas de canela. Utiliza esencias de amor, atractivo, sígueme los pasos, llamadera y triunfo. Las rosas, el maíz, los clavos de especie y la canela se hierven en un recipiente con agua durante media hora. Luego se deja enfriar y se liga con las esencias y la miel. Tras el baño, enjuágate con este preparado durante cinco días seguidos. Enciende una vela de color amarillo y dale las gracias a Ochún por su protección y ayuda.

Para agradecerlo y... conservarlo

■ **Baño planetario.** Se necesitan siete unidades de rosas (blancas, amarillas, rosadas y rojas) y claveles encarnados; esencias de amor, pachulí, ven a mí, sígueme los pasos, llamadera, atracción y afrodita. Para preparar este baño, macera las flores en agua, agrega las esencias y aplícate esta mezcla después del baño durante tres días consecutivos. Tienes que tomarlo a las seis de la mañana, encendiendo una vela dedicada al amor que ya ilumina tus días.

■ **Para las que no se rinden.** Cualquier viernes, a las doce del mediodía o de la noche, toma un baño relajante. Utiliza agua templada con sales aromáticas y pon una música tranquila que te agrade. Sin vestirte, sal de la bañera y dirígete al altar del amor que tienes en tu cuarto. En un rincón, orientado hacia donde sale el sol, habrás colocado dos velas rosas, separadas entre sí unos treinta centímetros. Coloca entre ambas un bol con agua destilada y una concha marina (vigila sobre todo que no esté rota). Enciende las velas, introduce la concha en el agua y repite este verso: «Oceana, diosa de los siete mares, mantén mi amor enganchado a mí y solo a mí. Coge con la concha agua y ponte en tus puntos de pulso (muñecas, sienes...), rocía la cama que compartís y, si puedes, lava su ropa con ella.

■ **Lo quieres sólo para ti.** Tu pareja es muy atractiva. En su trabajo, entre vuestros amigos e incluso por la calle, le salen admiradoras constantemente. Tú no estás dispuesta a compartirlo. Ni hablar. Aunque todavía no tienes evidencia alguna, los celos empiezan a asomar. ¿Qué hacer? Durante cinco semanas, todos los viernes, date un baño de amor especial. Llena la bañera con flores de color amarillo (primero tienen que haber estado expuestas a la luz del sol), miel de abeja, canela en rama, zumo de naranja, esencias (llamadera, pega-pega, amor, vencedor y almizcle). Mientras te bañas, no olvides agradecer los favores que te serán concedidos.

■ **Eres tu propia enemiga.** Estás triste y deprimida. Imaginas que van a sucederte las peores cosas: tu pareja te dejará por tu mejor amiga, un día al volver a casa lo sorprenderás con tu hermana en la cama o te sorprenderá diciéndote que en realidad le van los hombres. ¿Por qué te torturas así? Si no pones remedio rápido, conseguirás que tus sueños se hagan realidad... ¡qué pesadilla! Límpiate esa negatividad: prepara un baño con cuatro gotas de eucalipto, dos de alcanfor y una de limón. Disuelve los ingredientes y prende un incienso de canela.

Inciensos. ¿Sabías que el incienso es, desde la antigüedad, uno de los bienes más valorados? Se le reconocen poderes sagrados y se ha asociado siempre a los dioses. Al niño Jesús, los tres Reyes Magos fueron a adorarle llevando oro, incienso y mirra. En las culturas orientales, durante muchas ceremonias tanto en casa como en los templos, se quema en honor de los antepasados y los seres creadores. Aprovechemos toda su magia para que nos ayude en la batalla para preservar nuestro amor de cualquier enemigo.

■ **En honor del verdadero amor.** Estás viviendo una relación muy bonita. Quisieras que fuera para siempre, que fuera la definitiva. No lo sabes. Te da miedo imaginarlo. ¿Será o no el amor verdadero esto que sientes? Para que así sea, quema una parte de canela, otra de lirio y unas gotas de aceite esencial de pachulí.

■ **Fortalecer el amor por tu pareja.** Algo está pasando. No sabes qué es. Cada día estáis más distantes, no os reís tanto como antes ni hacéis tantas cosas juntos. Quema dos partes de sangre de dragón, una parte de lirio, media parte de canela, media de pétalos de rosa, unas gotas de aceite de almizcle y unas gotas de aceite de pachulí.

■ **Siéntete Afrodita.** Te has enamorado. Es él, pero entre vosotros se levantan muchos obstáculos que parecen insalvables. Hay quien no va a dejar que sea para ti –una madre, una hermana, una amiga...– porque consideran que no le mereces. Convoca a la diosa del amor, Afrodita, para que te ayude a atraer su atención y superar estos problemas ajenos a la fuerza de vuestros sentimientos. Quema una parte de canela, una de cedro y unas gotas de aceite de ciprés.

Saquitos. Asegúrate que tu presencia le acompaña. Para ello, si tu amor vive lejos o prepara un viaje, prepara un saquito con algo tuyo para que te recuerde... Si te ha dejado o aún no se ha dado cuenta que tú eres su media naranja, haz que, sin saber por qué, no te pueda sacar de la cabeza. Tu fuerza y esencia está en contacto con sus sentidos, su piel, su ropa, sus libros... y él no lo sabe.

■ **Para los que no se han enterado.** Él aún no lo sabe... o no sé da por enterado. Pero tú ya lo tienes claro: quieres estar con él. Prepara un saquito especial: cuatro partes de pétalo de rosa, una de cáscara de naranja, media parte de pétalos de clavel y una pizca de *baby's breath*. Utiliza un paño rosado para el saquito y llévalo contigo. A la menor ocasión, impregna su ropa o alguno de sus objetos personales con ese aroma.

■ **Casos difíciles.** Estás profundamente enamorada y él... no tanto. Parece que tontea con varias, aunque dice que está por ti. Ya no puedes más: no quieres derramar ni una lágrima más ni pasar otra noche en vela. Coge tres partes de lavanda, dos de pétalos de rosa y una parte de raíz de iris. Llévalo contigo, muy cerca de tu piel, cuando quedes con él. No sabrá por qué, pero el aroma que desprenderás lo atrapará sin solución.

■ **Evitando un final no deseado.** Lo estás viendo: él parece haber perdido interés en ti. Hace tiempo que mantenéis vuestra relación pero eso no es razón para comportarse así. ¿Habrá llegado otra a su vida? ¿Habrá conocido a alguien nuevo en la oficina? Adelántate a lo que estás pensando: no dejes que te plante sin luchar hasta el final. Prepara un saquito con tres partes de pétalos de rosa, dos de flores de naranja, una de flores de jazmín y otra de gardenia. Utiliza tela de color rosa.

■ **Ya es tuyo pero...** Lo conseguisteis: superasteis todas las dificultades y problemas. Os habéis jurado amor eterno... ¡sois unos recién casados! Pero tú y yo lo sabemos: éste no es el final. Hay que seguir luchando día a día por mantener vuestro cariño, respeto e ilusión como el primer día. Para ello, nunca viene mal una ayuda extra: prepara una bolsita de color blanco y llénala con laurel, canela y vainilla en polvo. Coloca el saquito en la almohada. Si quieres algo más, no olvides encender de vez en cuando incienso de jazmín y colocar flores rojas en el dormitorio. Así mantendrás la armonía y el equilibrio.

■ **Crisis a la vista.** Tú estabas tan tranquila y resulta que el monstruo lo tenías en casa. Una de tus mejores amigas le tira los tejos a tu chico de una manera descarada. Hasta ahora no parecía darse por enterado pero en las últimas semanas, algo parece haber cambiado. Es el momento de recurrir a un saquito de emergencia: entre ambas almohadas coloca un número impar de hojas de laurel. Utiliza incienso de canela y un lirio blanco para armonizar vuestro espacio. Y sobre todo, sin perder los estribos, trata de hablar con él antes de que lo vuestro ya no tenga solución.

■ **Para que no me olvides.** Tu pareja te engaña, estás convencida. Crees que está a punto de dejarte para irse con otra. No se lo pongas fácil: si se va, que se vaya con tu marca en el corazón. Haz que no pueda olvidarte tan rápido como él cree. Debes celebrar este ritual un día de luna llena. Coge un cuadrado de tela blanca, una foto de ambos, una pizca de menta, una pieza de terciopelo escarlata y ropa interior de los dos. Báñate, ponte tu lencería y repite en voz alta: «Mi amor te protegerá, mi amor te rodeará. Tú nunca olvidarás que mi amor es de verdad». Quítate de nuevo la ropa interior y colócala sobre el cuadrado de tela blanca, con el resto de objetos. Haz un saquito con todo y átalo con el terciopelo. Mantén la bolsa «nomeolvides» en un sitio seguro. Espera a ver qué pasa... ¿volverá a ti arrepentido?

■ **Hazle volver.** Se fue con otra. Pero eso no te importa. Tras padecer durante meses un ataque brutal de celos, le has perdonado y quieres que vuelva. Te propongo lo siguiente: compra dos velas blancas, coloca una foto de él, otra tuya, una bolsa de manzanilla y algo de tela azul, el color de la eternidad y la serenidad. Enciende las velas y relájate. Tras días de angustia, trata de imaginar una escena de paz, toma en tu mano su foto y repite «con la luz de la vela, yo iluminaré tu deseo, cuando yo diga tu nombre, sentirás el calor de mi fuego».

Repite tres veces su nombre. Pon cara a cara tu foto y la suya. Envuélvelas con la bolsa de manzanilla en la tela azul. Guarda el saquito en un sitio muy personal: en el cajón de tu ropa interior o en la cajita donde guardas todos tus recuerdos de infancia. Te recomiendo que durante una temporada enciendas cada día las velas a las ocho de la noche, repitiendo el nombre de tu amor. Lo primero y más importante es recuperar la tranquilidad perdida. Ése es el primer paso para lograr tu objetivo: que regrese arrepentido a tu lado.

Piedras, polvos y otros objetos. ¿Por qué no aprovechar la fuerza de las piedras o el poder de las palabras? Si pones fe y esperanza, prácticamente cualquier objeto o material puede tener escondidos poderes que te ayuden.

◼ **Ya volvió pero...** Tras una crisis, parece que todo está arreglado. Tu amor te ha prometido dejar de ver a tu rival y crees que está cumpliendo. Ahora, como nunca había hecho, te cuida, te mima, te envía regalos, hacéis un montón de cosas juntos... ¡perfecto! Pero aún así, no te confíes. ¿Conoces aquel refrán árabe que dice: «La primera vez que me engañas, es culpa tuya. La segunda, mía»? Pon manos a la obra para que no vuelva a engañarte. Compra dos corazones de cuarzo rosado. Visualízalos y piensa que os representan. Colócalos al lado de tu cama, junto con un vaso de agua y algo que desprenda luz rosa. Este mineral, de grandes cualidades, te ayudará a que vuestra historia se convierta en eterna.

◼ **Más vale prevenir que luego sufrir.** Todo el mundo que te quiere, te lo ha avisado: tu nueva pareja es de las que no se conforma con una sola flor. De momento, no te ha dado ninguna señal para que te preocupes pero... ¿por qué no estar preparada en vez de esperar con los brazos cruzados? Prepara unos polvos especiales a base de talco, hierbas de milenrama, lavanda, pétalos de rosa (roja, rosada o blanca) y jengibre. Prepáralo unificando estos ingredientes con el talco. Échalo entre vuestras sábanas o por el suelo del dormitorio. Para potenciar sus efectos, aromatiza la habitación con incienso de canela.

■ **Cuando los celos te están matando...** Tengo varias amigas que han estado a punto de echarlo todo a perder por culpa de los celos. Injustificados o no, te propongo que consigas una herradura para luchar contra ellos. Cógela con ambas manos, concéntrate y visualiza cómo los celos desaparecen de ti. Como si fueran humo, salen de tu corazón y tu mente, se van disolviendo. Ahora coge un pañuelo verde y envuelve la herradura. Con la cera de una vela del mismo color, sella el paquete y escóndelo cerca de su sillón preferido o su mesa de trabajo.

■ **Que se decida de una vez.** A pesar de todo, quieres que pase contigo el resto de tus días. Pero él no se decide. ¿Le ayudamos? Compra albahaca, vino seco, agua de azahar y consigue agua bendita. Utiliza la mezcla como esencia o perfume después del baño. Enciende una vela amarilla y una barrita de incienso de canela. Dale las gracias a Ochún por escucharte y cumplir tus deseos.

■ **Conviértete en un imán de atracción sexual.** ¿Quieres estimular la atracción y el deseo sexual que despiertas en tu pareja? ¿Quieres que se sienta tan atraído que no pueda dejar de pensar en ti en todo momento? Hazte con sal de rochela, ashé de atracción y agua de rosas. Mezcla los ingredientes en un frasco de cristal lo suficientemente grande como para contener todos los elementos. Úsalos después de la ducha que tomas al volver de tu dura jornada laboral. Éxito garantizado.

■ **Fuerzas extrañas en casa.** Todo va bien entre vosotros mientras estáis de paseo, en el cine o comiendo en casa de tu suegra. De repente, cuando entráis en casa, se transforma. Empezáis a discutir sin saber muy bien por qué. Te sientes cansada y él triste... tal vez necesitéis limpiar el hogar de malas vibraciones. Diluye jabón azul en agua y limpia todos los suelos. Después, hierve ramas de albahaca y añade esencias de mejorana, nuez moscada y benjuí. Vuelve a limpiar. Enciende una vela blanca. Utiliza canela o vainilla para armonizar la casa. Compra flores para adornar, pon música alegre y esfuérzate en idear actividades divertidas, como invitar a algunos buenos amigos o inventar juegos que os entretengan.

Castigo helado. Él te está engañando. Tienes evidencias e incluso sabes con quién. ¿Quieres que se enfríe esta relación? Escribe en una hoja el nombre de los dos traidores y métela en el congelador por un tiempo. No pienses que por sencillo dejará de funcionar. Es más efectivo de lo que piensas.

¿Te vas a cruzar de brazos? Es un hecho: él se ha ido. ¿Y? La pregunta aquí es: ¿tú quieres que se vaya? Si la respuesta es no, ¡manos a la obra! Te presto un hechizo perfecto para estos casos. Coge un pedazo de tela de su color preferido, borda las iniciales de ambos con hilo blanco. No olvides unirlas. Deja el pañuelo durante tres días cerca de un regalo que te haya hecho. Luego deshazte de él. ¡A ver qué pasa!

Para casos realmente extremos. Él se fue ya hace tiempo. Pero ahora te das cuenta de que es el hombre de tu vida. Tal vez no sea demasiado tarde si trabajas en serio para lograr que vuelva. Llena un vaso con miel pura, escribe el nombre y apellido de esa persona en un papel, junto con los tuyos. Métalo en el vaso, cúbrelo con azúcar y canela. Guárdalo en tu cuarto, sobre algún armario. Mantenlo el tiempo necesario hasta que vuelva... o te canses de esperar. ¿Dulce remedio, no crees?

Técnicas para dejar a tu pareja de manera honrosa... o no tanto

Ya hemos visto que cualquier ser humano es capaz de las mayores bajezas. La carne, aunque suene a tópico, sigue siendo débil para muchos de los mortales. Después de miles de años en este planeta, parece que no hemos evolucionado mucho a este respecto. Sigue habiendo personas que tienen un desliz o varios, una aventura, que hacen el doble juego, que siguen sin salir del armario y simulan ser esposos y esposas heterosexuales ejemplares, mientras van haciendo de las suyas por ahí... El límite de lo soportable depende de cada una.

Una infidelidad no siempre tiene por qué ser motivo de ruptura. Existen casos de mujeres que, a pesar de su notoriedad y el impacto que una infidelidad ha podido provocar en su imagen pública, han perdonado a sus parejas. Uno de los más sonados fue el del presidente de Estados Unidos, Bill Clinton, pillado *in fraganti* con la becaria Mónica Lewinsky en la Casa Blanca. Pese a lo decepcionante que debió ser para la entonces primera dama del país, Hillary Clinton, ésta le perdonó y le siguió apoyando en su carrera política. No obstante, en sus memorias posteriores no pudo evitar despacharse contra su marido.

Ella consiguió perdonar, aunque finalmente se concediera cierto derecho al pataleo. ¡Qué menos! Pero tú quizá no puedas.

Es lógico y comprensible. Si has sido víctima de una infidelidad y ya no puedes soportarlo, aquí te propongo las diez excusas perfectas por si necesitas decirle adiós a tu pareja con carácter de urgencia.

O quizá quieras utilizarlas para sacarte de encima a un amante o un rollo con el que has tenido una aventura y que sólo te ha servido para darte cuenta de que has cometido un gran error y de lo mucho que quieres a tu pareja.

Las diez excusas perfectas para tener a mano

1. **No puedo hacerte feliz.** Es la más eficaz si no quieres hacerle daño, pues desplazas el peso de la incompetencia para hacerle feliz a tu persona y le quitas a él la responsabilidad.

2. **Te mereces algo mejor.** De nuevo, le estás diciendo que tú no eres lo bastante buena para él, dándole a entender que con tu adiós se abre ante él la oportunidad de conocer a alguien a su medida y que le aporte lo que necesite.

3. **No tenemos futuro.** Con esta frase tan tópica le estás dando a entender que, a partir de ahora, la relación sólo puede ir a menos, en declive, y que es mejor dejarla antes de que se deteriore más y os tiréis los platos.

4. **No tenemos ninguna afinidad.** De esta forma, puedes comunicar que la vida en común va a resultar muy difícil e incluso incompatible, pues pasada la pasión inicial, no vais a tener nada en común.

5. **Somos tan diferentes.** Redunda en la misma idea que la expresión anterior, pero con un matiz: haces más referencia a vuestra personalidad; vuestra forma de ser es opuesta e incompatible, a menos que lleguéis a un acuerdo.

6. **Te quiero como a un hermano, pero no estoy enamorada.** Este clásico te garantiza que el otro habrá entendido que como mucho podéis ser amigos, pero que la pasión, uno de los tres ingredientes imprescindibles de la vida en pareja junto a la intimidad y el compromiso, ha muerto.

7. **No estás enamorado de mí.** Así de claro y raso puedes anunciarle que de tonta no tienes un pelo y que te has dado perfecta cuenta de que ya no eres la niña de sus ojos, que quizá te la esté pegando con otra y que tú no estás dispuesta a aguantarlo.

8. **No me das lo que necesito.** Esta expresión denota que te valoras, que te has dado cuenta de que tu compañero no cubre tus necesidades afectivas y que estás segura de que puede haber otra persona que sí te trate como te mereces.

9. **Del hombre que me quiera, lo espero todo.** De este modo, dejas muy claro y de forma contundente que esperas un compromiso formal (con una boda o firmando unos papeles de pareja de hecho), tener hijos, como cualquier mujer del mundo y, sobre todo, que «no te pongan los cuernos». Si no está preparado, huirá «con el rabo entre las piernas», pero si es maduro, recapacitará y volverá a ti, más convencido que nunca, para reemprender una vida juntos.

10. **La pareja es cosa de dos, no de tres.** Entre todas, ésta es la comunicación de oro. Por eso, la he dejado para el final. Si la usas, demuestras seguridad y una alta autoestima. Estás marcando los límites y definiendo lo que para ti es una pareja, señalando lo que estás dispuesta a aceptar y lo que no y anunciándole que estás al tanto de su infidelidad, algo que no piensas tolerar y motivo por el que le largas.

En ciertos casos, si la persona es especialmente sensible o ni tú misma te atreves a dar por zanjada la relación de un día para otro, puedes ir introduciendo el tema sutilmente y con pistas más que evidentes que os inviten a dialogar sobre qué está pasando entre vosotros. A veces, el único problema es la falta de comunicación.

No hay más ciego que el no quiere ver

En ocasiones, dar un ultimátum, como hacerle las maletas –aunque te lleve algo de trabajo– y ponérselas en la puerta, pueden hacer que la persona reaccione y la relación se regenere. Las pistas que le des dependen del malestar emocional que sientas y de cuáles sean tus verdaderas intenciones: ruptura definitiva o temporal para reflexionar. Aquí te enumero algunas posibilidades.

10 pistas de lo más evidentes

1. Le pagas con la misma moneda.
2. Le pones las películas *Kramer contra Kramer* o *La guerra de los Rose*.
3. Le hablas de unos amigos que se han separado.
4. Le dices que cualquier tiempo pasado fue mejor.
5. Le pones la canción de Julieta Venegas: «*¡Qué lástima!, pero adiós*».
6. Te dedicas a salir con todo el mundo, menos con él.
7. Dejas de acostarte con él, aunque te acose.
8. Le haces las maletas y se las pones en el recibidor.
9. Le señalas en el periódico apartamentos para *singles*.
10. Te mudas de repente a casa de tu mejor amiga.

Tecnologías al servicio de la ruptura

■ **Por fax.** Es el método del actor Daniel Day Lewis, que rompió con su pareja enviándole un frío fax. Quien se decide por este sistema es que no quiere saber más de su hasta entonces media naranja; está tan saturado de la relación que la quiere zanjada de una vez por todas y sin complicarse la existencia. Hace el anuncio por fax y se queda tan ancho. Si optas por ella, ten en cuenta que es un método frío, después de todo el tiempo y experiencias que habéis compartido, seguramente tu pareja merecería otro tipo de despedida. No obstante, si estás, como vulgarmente se dice, hasta el moño, tu vida corre peligro porque te enfrentas a un agresor o, de momento, estás tan afectada que no quieres verle, lo que no significa que no lo hagas más adelante, el fax es sin duda un buen sistema.

■ **Por e-mail.** Al igual que el correo electrónico une a muchas parejas en todo el mundo, también puede ser una opción para separarlas. ¿Por qué no? El e-mail permite emitir un anuncio de la ruptura mucho más meditado y menos frío que el del fax. Al escribirlo, puedes medir tus palabras para mostrar exactamente lo que quieres expresar. Puedes, por ejemplo, agradecer el tiempo compartido y todo lo que has aprendido junto a esa persona, si crees que lo merece, aunque le anuncies que ya no puedes seguir con ella por la razón que sea. Tú eliges si quieres ser totalmente sincera o si quien ha sido tu pareja hasta ahora merece que no le digas toda la verdad para no herirle. En cualquier caso, el e-mail te ofrece la oportunidad de reflexionar antes de enviarlo. Puedes imprimirlo y leerlo varias veces. Y, si no estás segura de tus palabras, si crees que estás siendo demasiado dura o demasiado blanda, también puedes leérselo a una amiga de tu confianza o a un familiar para que te ayude a subir o a rebajar el tono del mensaje y pulirlo antes de enviarlo.

■ **Por teléfono.** Una llamada a la persona con la que se quiere romper denota un mayor atrevimiento y valentía que los métodos que te he expuesto anteriormente (el fax y el e-mail). Puedes optar por este método si mantienes una relación a distancia; si aún, en cierto modo, te une una amistad a la persona que dejas y prefieres ser franca con ella; o de nuevo, si la persona es un maltratador de facto o en potencia, para salvaguardar tu integridad física. Respecto al fax y el e-mail, aporta la calidez de la voz y, como te digo, denota mayor valentía por parte de la persona que decide romper la relación. En ese caso, quizá sea preferible que le llamaras desde un número de teléfono que él no pudiera identificar o que lo hagas desde tu propio móvil y teléfono y que después cambies tu número para que no te localice.

■ **Por sms.** Podríamos considerarlo una variante del fax. Los mensajes por móvil son cortos, lo que constituye su principal ventaja, pero también su principal inconveniente. Si estás harta de tu pareja, no quieres escuchar su voz ni volverlo a ver, el sms es tu sistema, ya que puedes escribirle un mensaje conciso y claro: «Te dejo; no te quiero ver más; me voy de casa; por mí, lo hemos dejado; ya no te quiero ver ni en pintura».Claro está que la palabra escrita, como estás viendo, resulta mucho más impactante y dura que la oral. Por esta razón, el sms puede ser un método demasiado duro y frío –al estilo del fax– para despedirte de una persona con la que se supone que has compartido un bonito trecho de la vida. La brevedad de los mensajes sms los hace rotundos y fríos. Si no quieres que sean tan contundentes, puedes enviar un par u optar por otro método que te permita explicarte más extensamente. Después de todo, en las relaciones de pareja nada es totalmente blanco o negro. Algo bueno te habrá dado esa persona para que hayas compartido parte de tu vida con ella.

■ **Por correo certificado y urgente.** Para que no se pierda y quede constancia de que has decidido romper con alguien. Este método es el idóneo para los románticos que aún siguen viviendo sus amores y desamores a través del género epistolar, pero le puedes dar un toque de modernidad y, además, asegurarte de que le llegue a la persona que deseas convertir en tu ex al hacerlo por correo urgente y certificado. En una carta de este tipo sí que puedes explayarte, repasar vuestra historia juntos y sus mejores momentos (si es que quieres hacerlo) y exponer los motivos de la ruptura con todos sus matices. Incluso puedes escribir una carta de varios folios. Este sistema es ideal no sólo para las relaciones a distancia, sino también para las personas que siempre han tenido dificultades en las distancias cortas (es decir en los cara a cara) y miedo a la intimidad. Una carta les permite volcar todas sus emociones y sincerarse sin tener que observar la reacción del otro.

■ **Por altavoz, en una fiesta.** Es el método ideal si quieres dejar en ridículo a la persona que has tenido como pareja o si quieres que todo el mundo se entere de una sola vez por ti misma y no a través de terceros que van tergiversando la información. Pero, ojo, este vengativo espectáculo puede volverse contra ti. Nadie te asegura que la víctima sea tu pareja; igual los invitados piensan que la ridícula eres tú o te vean como un ser cruel y se pongan de su parte. Tú misma les habrás dado nuevos elementos para chismorrear sobre vuestra fracasada relación, pero, sobre todo, para ponerte verde. No obstante, como todo, no es un método desechable. Todo depende de tu popularidad y de la de tu pareja o de las circunstancias que han abocado a la ruptura. Si ésta es amistosa, quizás, aunque se salga fuera de lo corriente, ambos podáis anunciar juntos la separación y celebrar con varios amigos el inicio de una nueva vida.

■ **Por telegrama.** Es el colmo de la frialdad y existiendo otras nuevas y rápidas tecnologías, algo anticuado. Denota urgencia por comunicar la noticia de que deseas romper con otra persona.

■ **A través de su programa de radio favorito.** Dedicarle una canción y comunicarle que lo dejáis por radio puede ser una bonita forma de despedirte o una cruel venganza. Todo depende de qué digas y cómo lo hagas. Si anuncias por ejemplo que ha sido una relación muy enriquecedora y que por eso le dedicas la canción X, estás mostrando respeto por tu nuevo ex. Pero si lo anuncias con comentarios vengativos, dando a entender todo el daño que te ha hecho y lo indeseable que es, puede que quien se esté retratando seas tú; es una forma vulgar de decir adiós. No obstante, puede que alguno se lo merezca. En ese caso, escoge la emisora que más oyentes tenga.

En un programa de televisión. Es uno de los métodos más rastreros y chabacanos para despedirse de quien ha sido tu pareja. De nuevo, como en el método del programa radiofónico, todo depende de los motivos de la ruptura, de qué te haya hecho tu pareja. En los últimos años, se ha puesto de moda acudir a la televisión a solucionar los problemas de pareja que no se han podido solucionar en los domicilios. ¿Estás segura de que no puedes lavar los trapos sucios en casa? ¿O es que tienes sed de venganza? ¿Quieres sacar tajada, tener tu minuto televisivo de gloria o hacerte famosa, aunque sea de este modo? Piénsalo bien antes de arrastrar a tu pareja a un plató o tenderle una encerrona para que se vea en televisión. Hacerle pasar por el polígrafo de la verdad o airear tus problemas ante millones de telespectadores puede poner un mal punto final a vuestra relación o impedir que se solucionen vuestros problemas de forma natural.

Por chat. De nuevo, cuando la relación que has mantenido con tu pareja es a distancia, quizá sea una buena forma de dialogar con ella y exponerle los motivos de la ruptura, si es que ésta se puede considerar temporal o definitiva... Si os conocisteis por chat, quizá sea una buena forma simbólica para zanjar la relación. Es importante utilizar símbolos que nos permitan percatarnos de que estamos poniendo final a una etapa y empezando otra. Por esta razón, es crucial acabar bien y con elegancia las relaciones. Si utilizas el chat, te recomiendo que chatees sólo con el compañero, novio o marido al que deseas despedir de tu vida, al menos como pareja, pero no que chatees con varias personas a la vez en la red. Los internautas desconocidos no tienen por qué enterarse de vuestros conflictos sentimentales. Sería una falta de respeto hacia quien ha sido tu pareja.

No obstante, insisto en que tú decides cómo usar todas estas nuevas herramientas tecnológicas al servicio de la ruptura. Hasta aquí te he comentado varias formas de despedirte de tu pareja. De ti depende que escojas el método que escojas lo hagas con más o menos elegancia. Escoger uno de ellos no implica que más adelante, cuando te encuentres más recuperada, puedas mantener una conversación con esa persona. Nadie ha dicho que un método excluya al otro. Puedes optar por uno para dar el anuncio, pero si la persona no se queda conforme o no se ajusta al refrán de «a buen entendedor, pocas palabras bastan», puedes complementarlo con otro de los que te he expuesto.

Opciones para valientes

■ **El cara a cara.** Es conveniente, tanto para ti como para el otro, que habléis antes de romper. Si te ves capaz, quedad en un café, en un punto neutral, salid del domicilio –donde la comunicación está viciada o a veces es inexistente– y hablad de vuestros problemas. Sentarse frente al otro, cara a cara, denota valentía y madurez. Especialmente importante si tenéis hijos en común, puesto que, aunque no lleguéis a solucionar vuestros problemas, es posible que tengáis que hablar sobre ellos a menudo. Este cara a cara para la ruptura puede ser un buen entrenamiento para esos contactos en el futuro.

■ **El diálogo.** Los platos volantes deberían ser sólo para el circo; no son prácticos, sólo causan desperfectos en el domicilio y pueden lesionaros. Y la fuerza bruta es para las películas. La capacidad de diálogo distingue a las personas nobles y adultas. Habla con tu futura ex pareja. Eso sí, antes prepárate todo cuanto necesitas decirte. Si es necesario escribe todo cuanto quieres exponerle antes de romper. Así te cerciorarás de que no te dejas nada en el tintero. Soltar todo lo que llevas dentro te liberará y te permitirá sentir como una persona nueva, capaz de afrontar una nueva vida. Pero si no sueltas el lastre, siempre irás arrastrando una rémora que te impedirá ser totalmente feliz en tu nueva etapa. Es bueno que te desprendas de todo lo posible en esa conversación. Dialogad, decid con educación y respeto todo cuanto queráis y dad por zanjada la relación.

■ **La claridad: ¡quiero el divorcio!** Cuando quedes con tu ex cara a cara y dialogues con él, es importante que, aunque te cueste pronunciar esas palabras, le expongas la verdad. «¡Quiero el divorcio!» es una frase clara, que no lleva a equívocos y no da lugar a dudas sobre lo que quieres. Que dialoguéis y mantengáis un cara a cara no significa que debas «arrugarte» o dar marcha atrás respecto a tu decisión si estás convencida, piensas que es lo mejor para ambos o, especialmente para ti, cuando has sido víctima de agresiones o repetidas infidelidades. Así pues, mantente en tu centro y no consientas que te lleve a su redil. Te diga lo que te diga, recuérdale que la decisión ya está tomada y que sólo has ido a hablar con él para negociar el cómo divorciarse.

Hasta aquí te he recordado las diez mejores excusas de la historia para decir adiós a tu pareja, cómo ir abonando el terreno con pistas más o menos sutiles, todas las nuevas tecnologías que la sociedad moderna ha puesto a tu alcance no sólo para ligar, sino también para que las pongas al servicio de la ruptura, y tres de los métodos más clásicos y directos para romper con tu pareja. Sin embargo, no sólo es bueno para ti que acabes de forma elegante, sino también resulta inteligente.

Claves para una ruptura inteligente

Estudia ahora cuáles son las claves que te permitirán quedar como una señora, mantener una buena amistad o por lo menos quedaros ambos con buen sabor de boca.

1. **Cuanto antes mejor.** Alargar una relación destructiva, dolorosa o aburrida no va a hacer que mejore. Si te encuentras en esta situación, es preferible que la dejes. A veces, en la distancia, las cosas se pueden analizar mejor. Y tampoco tenéis por qué tomároslo como algo definitivo. También podéis sopesar la opción de hacer un parón temporal. Muchas parejas lo han hecho y ¡funciona!

2. **Corta por lo sano.** Hay personas que se aferran a seres que las destruyen, que no sacan lo mejor de sí mismas, sino que las anulan y no las dejan ser y progresar. Se hallan sumidas en una relación simbiótica en la cual uno de los miembros de la pareja crece y el otro se achica. En estos casos, es recomendable cortar tajantemente. Aunque sea doloroso al principio, como la amputación de un miembro, al final será lo más sano. Para conseguirlo, quizá lo apropiado sea eliminar cualquier tipo de contacto con la persona a la que se deja, al menos hasta sentirse totalmente restablecida.

3. **Ojos que no ven, corazón que no siente.** Si has sido víctima de una infidelidad, no vayas en busca del lugar de los hechos. ¿Lo harían en tu casa, en la suya, en un hotel, en el despacho...? ¡Qué importa ya! No busques como una novia despechada dónde estaba el lugar de los hechos. Es preferible que te liberes de esa obsesión tan negativa e inútil iniciando cuanto antes una nueva vida. Ver el lugar de los hechos no acelerará tu recuperación, sino que probablemente te revolverá las tripas y retrasará el momento. Como dice el refrán: «Ojos que no ven, corazón que no siente».

4. **Aléjate por un tiempo.** Otra sabia decisión cuando se quiere romper con alguien es hacerlo con cierta planificación. Las rupturas no ocurren de la noche a la mañana, se van gestando y él se lo olerá. Si es una persona sensata y puedes hablarlo, ve preparándole, alertándole de que romper es una posibilidad cada vez más cercana y, a la par que abonas el terreno para que no le venga de nuevas, planifica tu marcha a otro lugar: unas vacaciones, un periodo de descanso con una buena amiga, regresar al lugar de tu infancia con tus padres o familiares... pueden ser medidas reconfortantes para tu corazón.

5. **Sopesa los pros y los contras.** Si no estás totalmente convencida de tu decisión, tal vez debas analizar primero todos los pros y contras de lo que supondría para tu vida una ruptura de pareja. Si eres desorganizada mentalmente y te parece que el ir y venir de ideas por tu cabeza van a hacer que tu cerebro estalle, te irá bien anotar en una libreta los pros y los contras que se te ocurran. Tómate tu tiempo. A veces, hay crisis de pareja que se resuelven con el paso del tiempo. Nadie dijo que fuera fácil vivir en pareja. Ahora bien, si en tu libreta gana abrumadoramente la lista de las desventajas y los contras, debes plantearte dar por finalizada la relación.

6. **No te tomes la justicia por tu mano.** Si has sufrido el dolor y la decepción de una infidelidad o, si no la has sufrido, pero eres una «supercelosa» y hay comportamientos de tu pareja que te sacan de quicio, lo que nunca debes hacer es tomarte la justicia por tu mano y vengarte. Las consecuencias pueden ser catastróficas. Como hemos visto, los periódicos van repletos de crímenes pasionales, donde el móvil principal fueron los celos. Tomarte la justicia por tu mano puede ser extremadamente peligroso, porque, cuando actúas cegada por la pasión y el aguijonazo de los celos, no eres dueña de tus actos y puedes cometer barbaridades que te lleven a la cárcel. Pídele a un buen amigo o a un familiar que te acompañe durante varios

días, hasta que se templen tus ánimos y te sientas capaz de circular sola por el mundo sin hacer daño a nadie.

7. **Negocia y dialoga. Evita el ataque.** La negociación y el diálogo con tu pareja deben ser los principales métodos de lucha para zanjar cualquier situación y conseguir lo que quieras. La confrontación y el ataque no te servirán más que para agravar la situación y llevarte algún que otro disgusto. De ejemplos está lleno el mundo. ¡Cuántos divorcios acaban en maltratos por parte de uno de los miembros de la pareja! Las rupturas civilizadas se fundamentan en el diálogo y la negociación.

8. **Apóyate en profesionales.** Si no quieres que las cosas acaben mal, debes apoyarte en un abogado especializado en derecho civil que sea buen conocedor de la legislación relativa a matrimonios, separaciones y divorcios. Si estás gestionando una ruptura, es posible que estés aturdida con todos los cambios que esto vaya a suponer en tu vida y que, por lo tanto, tu cabeza no dé más de sí que para irse recuperando poco a poco. Deshazte de todos los trámites que te angustien, gracias a la intervención de los expertos en leyes, y busca alivio mental y ayuda para este proceso, contando con el apoyo de un psicólogo.

9. **Pide protección si crees que tomará represalias.** Por desgracia, como acabo de mencionarte, cada vez son más frecuentes los casos de maltratos, homicidios e, incluso, asesinatos (muertes perpetradas con planificación y alevosía) que ocurren durante los procesos de separación y divorcio. Las ex parejas (la mayoría de las veces hombres) no los asumen y comienzan a agredir a sus ex mujeres. Si tu pareja actual –de la que quieres separarte– o si es ya tu ex, ha dado señales de ser violento, busca protección antes de dar cualquier paso. Es conveniente, incluso, que te asesores y consigas esa protección antes de anunciarle que quieres separarte. Tu integridad física es lo primero y, mucho más, si tienes hijos.

10. Refúgiate en tu familia y amistades. Tu familia y amistades siempre han estado ahí, aunque hayas llevado una vida de pareja durante los últimos meses o años. Es natural que te hayas volcado en ella y que hayas podido dedicarles menos tiempo, especialmente si los dos trabajáis y tenéis hijos. Ahora que te planteas o ambos os planteáis la ruptura, la vida te brinda la ocasión de recuperarlos y volver a hacer planes con ellos. Si son amigos verdaderos, te estarán esperando y serán el mejor de tus refugios, al igual que tu familia.

A cada cual
lo que se merece

Para saber qué excusa, pista o método para romper es el ideal, también debes analizar a qué tipo de personaje te enfrentas. Los meses y años de convivencia con tu pareja te habrán permitido conocerla, con todos sus más y sus menos. Aunque también es cierto que, a menudo, nunca llegas a conocerla del todo. Veamos algunos modelos de infiel y evalúa si tu compañero, novio o marido se ajusta a alguno de ellos:

■ **El infiel mujeriego.** Es el que practica el sexo con cualquier mujer que se mueva sobre la faz de la Tierra. Quizá te parezca una afirmación exagerada, pero existen. Le van todas, ya sean feas, gordas, delgadas, narigudas, guapas... Después de tantos años con él, aún no conoces cuál es el retrato robot de la chica que le gusta. Ahora ya sabes que con la dosis de alcohol suficiente y la luz apagada, cualquiera le vale. ¡Qué decepción!

■ **A tres bandas.** Ha caído en las redes de una mantis religiosa y no sabe cómo salirse. Lleva bastante tiempo con ella, haciéndote el doble juego. Es el típico trío que nunca tendrá fin, a menos que se lo des tú, como el de Lady Di, Camila Parker Bowles y Carlos de Inglaterra.

El calzonazos baboso. Hace todo cuanto dices, por no oírte. Es el calzonazos de su mujer, pero con quien verdaderamente babea es con las demás. Los ojos le chispean cuando ve un pecho pronunciado por la calle o una minifalda que deja entrever el final de los muslos. Cuando lo ves en ese estado deplorable, tienes que pegarle una colleja para que vuelva a la realidad y baje de su orgía imaginaria con la última rubia, morena o pelirroja que se ha cruzado en la calle.

El infiel virtual. En los últimos años, ha pasado el noventa por ciento de su tiempo de ocio pegado al ordenador, mientras tú, ilusa de ti, pensabas que estaba trabajando, a pesar de todas las noticias que advertían del creciente aumento de cibernautas que flirtean con mujeres por Internet. ¿Cómo se te ha podido pasar por alto? No te castigues más de lo necesario; igual que tú, millones de mujeres en el mundo se sorprenden cada día con la noticia de que su marido las ha engañado por Internet.

El infiel onanista. Pasa tantas horas pegado a su miembro viril que no le quedan energías para hacer el amor contigo. Hasta cierto punto, el onanismo está bien. Tú también te has refugiado en el placer a solas de vez en cuando. Y estás convencida de que no está nada mal y de que no incurres en ninguna perversidad. Sin embargo, cuando tu compañero reincide y a ti ni te toca, empiezas a cuestionarte con quién te está engañando. Es triste descubrir que él solito se monta la fiesta.

El pornoinfiel. En lugar de jugar al *porno star* contigo, se queda hasta altas horas de la noche pegado a la tele, visionando todo tipo de películas porno y jugando consigo mismo. Tú no le «pones» lo suficiente o considera que habéis llegado a cierto nivel de rutina en el sexo que él ni quiere ni puede cambiar (porque no sabe) y se consuela masturbándose con las imágenes y gemidos del cine porno.

■ **El infiel putero.** Este tipo puede ser muy desagradable. De golpe, te enteras en qué se ha estado «puliendo» vuestra cuenta corriente y por qué te respetaba tanto en la cama y no pasaba de la postura del misionero. Está clarísimo: el hombre se desquitaba con prostitutas.

■ **El sexoadicto.** Es el caso extremo de la infidelidad. Es una persona enferma que necesita unas cuantas pasaditas por el diván. Es posible que esté destruyendo su vida y la de su pareja.

■ **El infiel inmaduro indeseable.** En síntesis, un niño con barba. Que no te engañen sus músculos. Sigue comprándose revistas, se cuelga pósters de Pamela Anderson en su habitación, reúne todos los fetiches que puede de sus amores platónicos, se baja de Internet fotografías de mujeres desnudas o chatea ocultándote todos sus vicios.

■ **El infiel del móvil.** No se desplaza para cometer sus fechorías por la noche o un fin de semana, para no levantar sospechas. Permanece todo el tiempo contigo en casa, pero, amiga, en ciertos momentos baja al bar para comprar cervezas o se esconde en otra habitación para hablar porque ha recibido una llamada del trabajo. ¿Del trabajo? No. Es él quien llama y lo hace a una línea erótica. ¿Por qué crees que nunca te enseña las facturas de su móvil?

Ahora decide qué excusa cuadra mejor con cada uno de estos infieles, si es que te has cruzado con alguno de ellos en tu vida o tu pareja actual responde a uno de estos patrones que, obviamente, te he presentado de forma exagerada, a modo de retrato robot. Lo más probable es que tu compañero se parezca a uno de ellos

–aunque no totalmente– o que reúna las características de varios, es decir, que sea un tipo mezclado y difícil de definir. No obstante, seguro que identificas algunas de las diez excusas que te he presentado antes, como las más idóneas para ellos.

Despedidas a la carta

A menudo, no sólo se rompe por infidelidad, sino también por ser un celoso o celosa incorregible o por cientos de causas más. Tal vez, simplemente, eres tú quien ha conocido a otra persona que te atrae más; descubres que te habías equivocado y que no es la persona adecuada para ti o has dejado de quererle sin saber muy bien por qué.

Es cierto que nadie es perfecto, ni siquiera tú, pero una siempre puede ser noble y mantener su dignidad, aunque tenga múltiples defectos. Las despedidas que te propongo son a propósito de esos otros tipos humanos con los que es difícil convivir, cuando uno de sus defectos (orgullo, machismo, celos...) sobresale de tal manera que se convierte en la termita destructora de la pareja.

Ésta es la propuesta:

■ **Al infiel y todas sus variantes, tu indiferencia.** No merece grandes desprecios. Quizá la indiferencia sea la mejor forma de hacerle ver que no te importa que siga con sus rollos, que haya tenido una aventura o rehecho su vida con otra mujer. Con tu indiferencia puedes demostrarle que no merece ni un minuto más de tu atención y que no has perdido gran cosa. Tu vida continúa.

■ **Al gallito, «pá chula yo».** Si él ha sido gallito, ahora te toca a ti demostrarle que puedes vivir la vida perfectamente sin él. Vístete con tus mejores galas, paséate con orgullo por el barrio o los lugares que habéis frecuentado lo más guapa posible. Si te ve, que perciba que no te arrugas ante las circunstancias, sino que te creces y que estás hecha un brazo de mar, dispuesta a comerte el mundo.

■ **Al enmadrado, la misma medicina.** Déjalo de lado y pasa más tiempo con tu madre, que se dé cuenta de que tú también tienes una madre y que la suya no es tan sensacional. Déjate mimar por las sopitas de tu progenitora, por las braguitas y sujetadores que te compra en las ofertas, igual que él se ha dejado comprar los calzoncillos por tu suegra y ha desechado los tuyos.

■ **Al machista, de patitas en la calle.** Tendrá que dejarse el sueldo buscando una pensión donde se lo hagan todo: media pensión (al mediodía seguro que se irá por ahí de restaurantes con los amigos), una señora de la limpieza, etcétera.

■ **Al celoso, el teléfono del psicólogo.** Junto a la demanda de divorcio o tu anuncio de ruptura temporal, es conveniente que le envíes la tarjeta de un psicólogo o psiquiatra. Quizá se rebote y se niegue a acudir. Escríbele que es la condición *sine qua non* para volver contigo. Así puede que se lo tome más en serio y acuda.

■ **Al envidioso, ni llorarle.** Se ha pasado el tiempo envidiando tus éxitos profesionales, tu imagen, tu bolsillo, tus propiedades, lo que sea... pero él no ha dado un palo al agua. No ha hecho nada para cambiar ni mejorar. No merece que llores por él. Ha vivido contigo como un parásito, pero no se ha esmerado en madurar y crecer como persona a tu lado, felicitándote por tus éxitos y celebrándolos contigo.

■ **Al metrosexual, hazle las maletas sin las cremas ni su traje favorito.** ¿Acaso puedes imaginar mayor tortura para un tipo así? Recopila todas las cremas, perfumes de hombre, gomina y demás potingues que tanto espacio te han ocupado en el cuarto de baño y empieza a pensar a qué otros hombres de tu familia se los puedes regalar en Navidad. Probablemente, la mitad ni siquiera las tenía abiertas. En cuanto al traje, déjalo en un contenedor de ropa amiga o llévaselo a una ONG.

Al engreído, ignóralo. Igual que al infiel. Son seres egocéntricos, concentrados en sus propias necesidades. No necesitan aduladores porque ya se adulan a sí mismos. Fracasarás con cualquier intento de llegar a su cota de engreimiento. Pasa de él. No hay nada que pueda ponerle más nervioso y sacarle de sus casillas.

Al llorón, una nota acompañada de un paquete de pañuelos. Dale a entender que su amargo llanto, no te convence de su arrepentimiento. Te ha sido infiel y punto. Te gustan los hombres sensibles, pero no los chantajistas. Si va a seguir llorando, que tome el paquete familiar de pañuelos y apechugue él solito con su pena, que tú también tienes la tuya.

Al gorrón, bórrale de todas las cuentas. Se acabaron las libretas compartidas. Se acabó vivir a tu costa. A partir de ahora, todo cuanto ganes con el sudor de tu frente, será para ti.

Al caprichoso, ni un capricho más. Todos los caprichos ahora serán para ti. Se acabó ser espléndida y hacer regalos increíbles a quien no sabe valorarlos y está lleno de tonterías y caprichos que casi descalabran vuestra economía y que han impedido que, durante todo este tiempo, acertaras con los regalos en las fechas señaladas.

Al marujo, nada. Se entretiene por sí mismo. Si no sabe valorarte como profesional y quiere tenerte en casa dándole a la fregona, al igual que hace él, que a partir de ahora lo haga solito. A ti no te gusta limpiar ni cocinar. ¡Qué hay de malo en ir de restaurantes! No todos los días, claro, pero sí alguno, para descansar, y más después de todo lo que trabajas durante la semana.

■ **Al salido, cuélgale una muñeca hinchable en el balcón.** Que todo el vecindario se entere con quien se cruza por la escalera y el ascensor. Probablemente, ni tengas que gastarte dinero en comprar una; debe figurar entre sus juguetitos y fetiches. Si no tiene una, saca a la luz alguno de los utensilios con que se ha entretenido en los últimos tiempos, en vez de hacerlo contigo.

■ **Al adicto al trabajo, bórrale unos cuantos archivos.** Elimínale del disco duro sus archivos más preciados, a cuenta de todas las horas que él ha borrado de vuestra vida en pareja. Si te parece muy sucio, escóndele el portátil unos cuantos días y observa cómo sufre.

■ **Al pijo, un cambiazo de su ropa por prendas de mercadillo.** De nuevo, al igual que ocurre con el metrosexual, te va a resultar divertido ver cómo corren las gotas de sudor por su frente cuando abra el ropero y vea el nuevo fondo de armario que le has hecho. Eso sí, aléjate de casa para estar a salvo de sus gritos.

■ **Al pedante, déjalo en evidencia.** Léete un par de libros de lo más raros y sesudos que encuentres (tiene que haber alguno que no conozca), aunque te cueste un esfuercillo, y reúne a varias de tus amigas. Montad una reunión y sacad a colación los libros. Verás cómo se va encogiendo hasta caerse de la silla o le empiezan a entrar sudores. Si lo tuyo no es la lectura y no quieres hacer el esfuerzo, también puedes optar por temas de actualidad que salgan en la televisión o los últimos estrenos de cine en versión original.

He aquí algunas de las posibilidades. El abanico es amplio y, como te he dicho, tú escoges si llevas a cabo una ruptura elegante e inteligente o necesitas algún tipo de venganza, aunque sea «pequeñita», como las que aquí te he expuesto. Puede que algunas te parezcan drásticas o de mal gusto, pero si las lees con detenimiento verás que la mayoría no son ofensivas, sólo pequeñas bromas y, en otros casos, son tajantes pero indispensables.

Naturalmente, es preferible que sigas los consejos que te he expuesto en el epígrafe de la ruptura inteligente y con elegancia, pero si necesitas hacer alguna diablura o travesura antes de cortar definitivamente con quien te ha amargado tanto tiempo la existencia, creo que se puede comprender y que se te puede perdonar.

Todo depende de cómo haya sido vuestra relación, cómo se ha comportado él durante todo este tiempo y los motivos que os han llevado a la ruptura.

Para no olvidar

- Evalúa los pros y los contras antes de romper.
- Toma tu decisión y no mires atrás.
- Rompe bien la relación: con inteligencia, elegancia y el mínimo dolor para las partes implicadas.
  1. INICIA UNA VIDA NUEVA.
  2. SÁNATE DE TU CELOTIPIA.
  3. SÉ POSITIVA.
- Una persona sanada de sus celos tiene menos números de encontrarse con un celoso.
- Una nueva pareja no tiene por qué ser infiel como las anteriores.
- Ábrete a una nueva vida: tú puedes lograr una relación maravillosa, donde no tengan cabida los celos ni las infidelidades.

Manual de
supervivencia masculino
en caso de celos

«La maté porque era mía» es la excusa que, desde hace siglos, vienen utilizando algunos hombres para justificar un comportamiento violento movido por los celos y el afán enfermizo de control. Desde la época prehistórica, en la que el cazador arrastraba por los pelos a su compañera o la Edad Media en que los guerreros cristianos marchaban a las Cruzadas con la llave del cinturón de castidad de sus esposas atado al cuello, hasta el siglo XXI, en que miles de maridos asustados las espían utilizando las más altas tecnologías... las cosas parecen no haber cambiado mucho.

Es cierto que los medios se han refinado y ciertos «cazadores» se han domesticado, pero ¿qué les pasa a muchos hombres que no saben encajar una actitud independiente de sus parejas? ¿Por qué algunos creen necesario marcar su territorio constantemente? ¿Por qué permiten que las dudas y la desconfianza corroan su corazón día a día, gobernando sus reacciones? Hay quien dice que el hombre no estaba preparado para todos los cambios sociales, políticos y económicos que vive la mujer desde finales del siglo XX y está tratando de buscar su nuevo papel, confuso.

Si eres uno de ellos, reconócelo. No te dé vergüenza: piensa que grandes hombres como Marco Antonio, loco por Cleopatra, o Shakespeare, quien escribió las aventuras del torturado Othelo, conocieron de cerca los celos. Con todas sus grandezas y alguna pequeña miseria han entrado a formar parte de la historia de la humanidad. Si hasta hoy te enorgulleces de no haber notado ni un pequeño mordisquito de celos o si lo sientes, de saber controlar este «picazón», te felicito. Pero recuerda que nadie está a salvo. En cualquier momento, todo se descontrola y tu vida emocional se convierte en una montaña rusa.

La imagen y mito del hombre celoso ha dado la vuelta al mundo: el cine, la música y la literatura retratan a la perfección a «estos machos», en algunos casos justificando esta actitud, en otros ridiculizándola o criticándola. Pero no sería justa si no reconociera que, aunque son ellos quienes más padecen esta enfermedad, también los hay que son víctimas de una mujer celosa.

Durante décadas, los hombres habéis sido educados para llevar los pantalones y ser el cabeza de familia. Admitir que vuestra mujer os controla y espía, os hace preguntas constantemente, decide a quién podéis ver y cuándo o supervisa vuestra agenda es casi tanto como admitir que no cumplís ese papel.

En este capítulo, van algunos consejos para que entiendas qué sientes, el por qué de la actitud de tu compañera o para que seas capaz de plantar cara a este enemigo que tal vez ni oíste llegar. Pero también para que, en caso de que sea ella la patológicamente celosa, aprendas algunos trucos para sobrevivir, mejorar la relación si es que merece la pena o, si ya no puedes más, sepas romperla quedando como lo que eres. Un señor.

Érase una vez...

El principio de todo es muy sencillo: no le busques tres pies al gato. El celo es una emoción con origen fisiológico, situado en el cerebro como el miedo o la rabia. Sin duda, es así porque en los principios de la especie tuvieron su función, necesaria para la supervivencia. Nacen de la presencia de un tercero real o imaginario que pone en peligro nuestro papel principal en una relación afectiva –de pareja, de amistad, filial...– Llevados al extremo, cualquier cosa que lleve a que el otro escape a nuestro control nos los provocará.

Puedes preguntarte: «Si esto es así, ¿por qué los hombres latinos son más celosos que los suecos? ¿Por qué la sangre de los mediterráneos parece más caliente que la de los rusos? ¿Por qué se cometen más crímenes pasionales en países cálidos que en otros más fríos?» Como dirían algunos políticos, me gusta que me hagas esa pregunta.

Si bien es cierto este origen físico, el factor cultural y la educación juegan papeles importantes en el desarrollo del futuro celoso. ¿Potenciales candidatos? Los niños sobreprotegidos, los hijos únicos o los criados en un hogar con fuerte dominio masculino o los que crecen con exclusiva presencia femenina.

Eso no va conmigo... ¿o sí?

Buena pregunta. ¿Estás entre los «potenciales grupos de riesgo»? ¿Tuviste una mala experiencia en el pasado que te ha dejado marcado? ¿Tienes los amigos que más te convienen? ¿Realmente ella está hecha para ti?

Te propongo un pequeño cuestionario sobre cómo reaccionas ante determinadas situaciones. Hazlo con sinceridad ya que nadie tiene por qué leerlo y sólo así puede serte de ayuda. Responde SÍ, BASTANTE, UN POCO o NO a las siguientes observaciones.

1. Te disgusta que ella muestre su admiración por un amigo o que lo felicite con demasiado cariño por algún logro conseguido.
   a) Sí
   b) Bastante
   c) Un poco
   d) No

2. Sientes que eres el segundo plato cuando asegura que «Pedro tiene unos ojos muy bonitos» o «se nota que Roberto se cuida porque tiene un buen cuerpo».
   a) Sí   c) Un poco
   b) Bastante   d) No

3. No quieres que quede sólo con amigos para ir a una fiesta o concierto.
   a) Sí   c) Un poco
   b) Bastante   d) No

4. Te gusta tenerle bien controlada: saber qué hace en todo momento y con quién.
   a) Sí   c) Un poco
   b) Bastante   d) No

5. No te molesta que ella te controle.
   a) Sí   c) Un poco
   b) Bastante   d) No

6. Aunque los que te conocen bien dicen que eres celoso, tú lo niegas.
   a) Sí   c) Un poco
   b) Bastante   d) No

7. De pequeño, tuviste algún problemilla de celos pero ya se te ha pasado.
   a) Sí   c) Un poco
   b) Bastante   d) No

8. No te gusta que tu chica hable de otro de una forma demasiado apasionada, aunque sea alguien irreal como un actor o cantante.
   a) Sí   c) Un poco
   b) Bastante   d) No

9. Cuando llegas a una reunión de amigos, saludas de forma cariñosa a las otras mujeres para ponerla celosa.
a) Sí   c) Un poco
b) Bastante   d) No

10. Detestas que tu pareja invite a una amigo a casa sin avisarte.
a) Sí   c) Un poco
b) Bastante   d) No

11. Aborreces que dedique más tiempo a su trabajo, a sus amigos o a sus aficiones, que a ti.
a) Sí   c) Un poco
b) Bastante   d) No

12. No tienes problema: confías ciegamente en ella y puede salir con quien quiera y cuando quiera sin que te suponga un problema.
a) Sí   c) Un poco
b) Bastante   d) No

13. Te sientes seguro con tu pareja y sabes que nunca te engañará.
a) Sí   c) Un poco
b) Bastante   d) No

14. Desconfías a menudo de ella sin un motivo concreto.
a) Sí   c) Un poco
b) Bastante   d) No

15. Tienes miedo de que navegue por Internet porque puede que esté chateando con algún ligue virtual.
a) Sí   c) Un poco
b) Bastante   d) No

16. Tienes celos de sus aventuras y amores pasados.
a) Sí   c) Un poco
b) Bastante   d) No

17. Estás convencido de que te aprecia por tus cualidades y actitudes.

a) Sí   c) Un poco
b) Bastante   d) No

18. Necesitas que tu pareja te adule continuamente.

a) Sí   c) Un poco
b) Bastante   d) No

19. Has llegado a espiar a tu pareja, escuchando mensajes sospechosos en su móvil, rastreando su e-mail o haciendo que alguien la acompañe cuando sale.

a) Sí   c) Un poco
b) Bastante   d) No

20. Has pedido a algún amigo o amiga de confianza información extra de todo lo que hace cuando no está contigo. Tienes topos en su trabajo y en su red de amigos.

a) Sí   c) Un poco
b) Bastante   d) No

Resultados:

■ **Más de 10 SÍES.** Casi seguro: tienes en tus manos una bomba de relojería. Tal vez no ha estallado pero... lo hará. Aunque este cuestionario no sea suficiente para demostrarlo, pareces el caso típico de celoso. ¿Te sorprende? Consulta a los que te conocen y te aprecian desde hace más tiempo: pídeles su más sincera opinión sobre ti. Después de escucharles, si crees que lo necesitas, recuerda que hoy en día hay un montón de profesionales que pueden ayudarte para enfrentar este problema.

■ **Más De 10 NOES.** De entrada, no pareces celoso. Estás seguro de ti mismo y del amor de tu pareja. Pero vigila porque el extremo, la indiferencia, tampoco es una buena actitud. ¿No será que los demás o la relación que tienes con ellos te importa tan poco que no dedicas más de dos segundos a pensar en ellos?

■ **Más de 10 BASTANTES.** Te aproximas bastante al celoso, pero no llegas al grado extremo. Así somos la mayoría: de vez en cuando sentimos el aguijón de la envidia, los celos o el miedo a perder al otro. Controla tus impulsos para que no se conviertan en algo enfermizo. Amigo, estás a un paso del abismo.

■ **Más de 10 UN POCO.** Bienvenido. Aquí nos encontramos la mayoría de seres humanos. Más de un poco significa que tu pareja te importa y que, como nos pasa a muchos, no puedes dejar de sentir ciertos «celillos» cuando alguien se le acerca con intenciones no muy claras.

¿Quién dijo qué...?

Si bien el factor físico es básico, nuestro primer entorno contribuye fuertemente a que desarrollemos o no una personalidad celosa. Revisemos cómo hemos sido educados. Así encontraremos algunas claves que nos podrán ayudar a superar esta situación o, por lo menos, a tener armas para enfrentarnos a ella.

Los hombres deben llevar los pantalones. Mira a tu alrededor. ¿De verdad crees que esto es así? La mujer se ha incorporado a la universidad y al mercado de trabajo. Algunas de ellas, poco a poco, conquistan puestos de poder y mando en instituciones públicas, multinacionales, pequeñas empresas y fundaciones sociales y culturales. Tenemos mujeres presidentas en países como Chile o Alemania, en casi todo el mundo occidental (e incluso en algunos países islámicos como Kuwait) son ministras o congresistas. Pepsi Cola o IBM, por ejemplo, cuentan con ejecutivas en los puestos de decisión al más alto nivel internacional. No caigas en el error de creerte tópicos tales como que todas ellas son feas o ricas o seguro que nadie las quiere. Eso no es cierto: son mujeres preparadas que compatibilizan su vida personal y profesional, y que han llegado donde están con mucho esfuerzo y por sus conocimientos. Si esto es así en el mundo económico y político, ¿por qué no en el familiar? ¿De verdad crees que las mujeres del siglo XXI no son capaces de tomar conjuntamente contigo decisiones como qué casa comprar o que educación dar a vuestros hijos?

Por cierto, ya nadie cree que los pantalones sean una prenda masculina desde que Coco Chanel lanzara sus famosos sastres y esmóquines femeninos a las pasarelas. Incluso algunos diseñadores modernos están apostando, siguiendo tradiciones como la escocesa o polinesia, por vestir a los hombres con faldas.

Quién más tiene más vale. Ése «tiene» incluye casas, coches, poder económico, trabajadores a tus órdenes y mujeres a tus pies... No te lo creas: vales por lo que eres, por cómo te comportas, por lo que haces o piensas. No te esfuerces en conquistar afectos cada día más inalcanzables, en coleccionarlos y controlarlos, luchando por no perderlos hasta donde haga falta. En esa batalla por poseer, te estás perdiendo. Al final, no serás mejor persona ni más feliz por haber tenido más amores o más originales que si has tenido uno para siempre o uno que te llegó al fondo del corazón.

Es absurdo estar celoso porque tu compañero de trabajo tiene todas las chicas que quiera o porque aquel antiguo amigo de la facultad ya se ha casado tres veces con mujeres guapísimas. ¿Han sido felices por ello? ¿Han aprendido algo? ¿Han mejorado sus vidas y capacidades?

Te propongo que vayamos un paso más lejos. Hazte las siguientes preguntas: ¿Por qué te comportas así? ¿Cuál es el motivo? ¿Has pensado que quizá te enfrentas a un problema de autoestima? Si fuera así, deberías trabajar ese aspecto, contando con la ayuda de los que te aprecian o, si la cosa fuera más seria, acudiendo a alguna terapia.

Si ella no le quiere será por algo.
Es importante saber que tu valor, a pesar de lo aprendido en la cultura occidental, es independiente del cariño que te dan los otros. Yo valgo por lo que valgo, no por los afectos que despierto. Trabaja en otros aspectos que te hagan de verdad una persona completa: viaja, lee, aprende cosas nuevas, enfréntate a tus miedos, lucha por tus ideales...

En lugar de pensar en quién no te quiere o por qué, da gracias por todos los que sí lo hacen, protege esos cariños. Haz que tus relaciones sean duraderas y fuente de felicidad para ambas partes. Cuida a tus amigos, la relación con tus hermanos o tu amor. Piensa por qué ellos te quieren y todas las cualidades que posees. Verás que están relacionados con tu forma de ser y no con lo que tienes.

Más vale solo que mal acompañado.
No te empeñes en mantener al precio que sea una relación que no funciona. No es cierto que sea mejor estar mal acompañado que solo: enfréntate a la soledad y aprovecha este tiempo para un cambio de aires. Pretender que alguien se quede a tu lado sin que ésa sea su decisión sólo puede provocar situaciones incómodas y difíciles que pueden provocarte celos, inestabilidad y estrés. Y por supuesto, convertirte en víctima de una infidelidad. ¿Por qué alguien que se siente comprometido contigo sólo por obligación va a serte fiel?

En nuestra cultura occidental, vivimos apegados a cosas, costumbres y afectos. Creemos que eso nos hace felices cuando, en muchos casos, es todo lo contrario. Ahí radican muchas de las causas de nuestro sufrimiento. En cambio, en las sociedades orientales son conscientes de la importancia de renunciar a la posesión y a determinados lazos que nos atan para avanzar en el conocimiento y hacia la felicidad. Tal vez leer un libro de estas disciplinas te aporte alguna idea nueva o te ayude a reflexionar.

Quien lo hace una vez, lo puede hacer dos. Tal vez en el pasado tu chica te fue infiel. Según algunos de tus «sabios» amigos, ésa es suficiente razón para que vuelva a hacerlo en cuanto te despistes. Te aseguran que debes estar atento para que no suceda: vigilar hasta el mínimo detalle y controlar cada uno de sus movimientos. ¿De verdad merece la pena? Por un lado, tu propia actitud te hará sufrir y, por otro, tal vez empujes a tu pareja a repetir de nuevo la acción.

¿Has visto la película *Celos a la italiana*? El argumento es sencillo: Andrea (Ugo Tognazzi) está casado con Maria Grazia (Claudia Cardinale), una de las mujeres más bonitas del pueblo, y llevan el negocio familiar. Cardinale está profundamente enamorada de su marido, con quien es muy feliz y por eso evita cualquier tipo de proposición «extramatrimonial». Andrea también lo es, pero decide serle infiel porque todos se comportan así. Pasada la experiencia, se arrepiente, pero los celos empiezan a consumirle: si él ha sido infiel, si todos lo son, ella también tiene que serlo. Si no lo parece, seguramente será porque lo oculta mejor que otros. Empieza un sinvivir para él: la vigila y persigue todo el día hasta que ella le confiesa algo que no ha hecho. ¿O tal vez sí? Ahora ya siempre tendrá esa duda.

Más vale prevenir que luego sufrir. No siempre es cierto. Y mucho menos en estos casos. Si aún no tienes ninguna evidencia de que ella te haya engañado o piense dejarte, ¿por qué empiezas ya a sufrir? No tiene sentido que le montes «escenitas» por si acaso ni que le hagas sentir tu control para que sepa que nada se te escapa.

Si ella está profundamente enamorada de ti, ¿por qué te iba a engañar? ¿Qué ganarás haciéndole sentir tu desconfianza? Si en cambio, ella es de las que engañan... tus tretas no la disuadirán ni le impedirán hacerlo. Encontrará sus propias vías y modos. Tú se lo habrás puesto fácil mostrándole antes de tiempo tus estrategias de control.

Los hombres son de Marte y las mujeres, de Venus

Muchas veces, los celos son debidos a malos entendidos. Sí, como lo lees. Hombres y mujeres somos muy diferentes y no siempre sabemos interpretar las señales que nos enviamos o vemos del mismo modo la realidad. Por eso, no me canso de decir que la comunicación es la base para que una relación funcione.

Si ella te importa, ante algo que te moleste o si ves aparecer la menor duda en el horizonte, pregúntale. No tengas miedo a enfrentar la verdad. Seguramente todo será producto de una confusión: ¡los fantasmas desaparecerán en un segundo! Por el contrario, tal vez te diga que tenías razón para sospechar: el planchazo será total, pero siempre será mejor eso que vivir en la lenta agonía del engaño.

De todas maneras, aunque cada persona es un mundo y la lista sería interminable, aquí van algunas pistas sobre «cosas sospechosas»...

1. **Silencio total.** Inaudito ¿no? Teóricamente, ha salido con sus amigas toda la tarde. Ha vuelto y ni una palabra sobre lo que se han contado y hecho durante horas. Habitualmente, tras una de estas reuniones, se pasa los tres días siguientes dándote detalles y, quieras o no, te enteras de la vida de todas ellas y sus maridos.
Lo primero que piensas es... ¿realmente ha salido con sus amigas de siempre? ¿De verdad han ido a tomar un café como dijeron? ¿No será que ha salido con otro? ¿Tal vez ha ido con ellas un antiguo compañero de colegio del que estuvo enamorada? ¿Qué habrán estado haciendo?
La realidad podría ser...

■ No se encuentra muy bien porque está incubando una gripe y no tiene ganas de hablar.

■ Una de sus amigas tiene un verdadero problema familiar: toda la tarde han estado hablando de ello y les ha pedido máxima discreción.

■ Ella sabe que hoy ha sido un día muy importante para ti en tu trabajo: prefiere que seas tú quien explique todo lo que te ha sucedido.

■ Han hablado de lo de siempre y han hecho lo mismo que hace dos semanas: prefiere no contártelo porque incluso a ella le parece aburrido.

■ Cuando tú sales con tus amigos, nunca le cuentas nada. Así que, un poco molesta, ha decidido darte a probar la misma medicina.

2. **Halagos y más halagos.** No para de decirte lo bien que te sienta esa camisa nueva que tú solito te has comprado. Asegura que el color moreno de tu piel en verano te favorece y que, cada día, se te ve más delgado... ¡Y sin necesidad de ir al gimnasio! Te compara con los maridos de sus amigas y siempre quedas delante de todos.

Lo primero que piensas es... ¿querrá pedirme algo? ¿Va a decirme que me cambia por uno más joven y para evitarme el trauma prepara el terreno? ¿Será una indirecta para decirme que o me cuido o se busca otro?

La realidad podría ser...

■ Eres guapo y siempre lo has sido. Tu chica lo sabe y no encuentra nada malo en decírtelo.

■ Le gusta que cuides tu aspecto y te lo demuestra para que lo sepas.

■ Sabe que por ella, aunque a ti no te interesan esas cosas, haces un esfuerzo y tratas de tener tu armario a la moda. No quiere que pienses que no valora tu esfuerzo.

■ Estás llegando a determinada edad y trabajas con hombres mucho más jóvenes. Ella piensa que tal vez eso te incomode y quiere evitarte preocupaciones al respecto.

3. **¿Un regalo? No estamos en Navidad ni es mi cumpleaños.** Sospechoso. Ni mi madre me hace un regalo fuera de las fechas señaladas. ¿Por qué lo hace ella hoy?

Lo primero que piensas es... ¿se sentirá culpable por algo?; ¿Lo habría comprado para alguien y no ha tenido ocasión de dárselo porque han roto? Vamos a empezar obras en casa, tenía este regalo escondido para otro y como sabe que puedo descubrirlo prefiere dármelo antes de que haga preguntas.

La realidad podría ser...

■ Ella siempre ha sido muy detallista. No sabe por qué no lo ha sido contigo desde que os conocéis y ha pensado que nunca es tarde para empezar.

■ Quiere que le regales alguna cosa de vez en cuando, sin motivo aparente. ¿Qué mejor indirecta?

■ Ha leído en una revista femenina que a la mayoría de los hombres les gusta que les hagan regalos. ¿Por qué tenías que ser tú la excepción?

4. **Calma chicha.** Ayer sábado saliste hasta las tantas con tus amigos y volviste algo alegre. Hoy te has pasado toda la tarde viendo el fútbol y comiendo cacahuetes con el vecino. No sólo no te ha hecho preguntas ni te ha montado una escenita... ¡le ha invitado a que vuelva cuando quiera!

Lo primero que piensas es... ¿qué querrá hacer el fin de semana que viene y está preparándose el terreno? ¿Quedó anoche con alguien y no te enteraste? ¿Tal vez incluso le invitó a casa aprovechando tu ausencia? No sabe cómo decirte que te va a dejar y prefiere que estés muy contento justo cuando vaya a hacerlo.

La realidad podría ser...

■ El sábado tenía un fuerte dolor de cabeza: agradeció que te fueras por ahí porque así se acostó temprano y descansó.

■ Las noches del pasado fin de semana reponían los capítulos antiguos de su serie favorita. Quería verlos pero sabe que a ti te parecen muy aburridos y no quería discutir por algo tan tonto. Así que cuando le dijiste que te ibas de fiesta... ¡genial! Tú lo estarías pasando bien y ella podría disfrutar a solas del mando.

■ Sabe que vuestro vecino acaba de perder su trabajo y no pasa precisamente por su mejor momento. Ver el fútbol juntos puede ser una pequeña alegría para él, según le ha comentado su mujer.

■ Mientras estás entretenido, ella puede leer ese libro que tiene pendiente, hablar tranquilamente con su hermana o trabajar en el ordenador sin que la interrumpas cada cinco minutos para algo.

5. ¿Dos veces a la peluquería en una misma semana? Siempre te ha sorprendido que tu chica, al contrario que muchas otras, no sea demasiado presumida. Nunca ha prestado demasiada atención a la moda, no le gusta ir a la peluquería, apenas se maquilla...

Tras años de comportarse de esta manera, a pesar incluso de que tú le habías hecho algún comentario al respecto, esta semana ha dado un giro de 180°. Dos veces a la peluquería en la misma semana. ¡Se ha hecho hasta mechas! Ha ido a comprar ropa acompañada por una amiga que fue modelo cuando era más joven...

Lo primero que piensas es... ¿habrá conocido a alguien y quiere llamar su atención? ¿Tiene un lío con alguien más joven y se arregla para él? ¿Habrá entrado en la menopausia y ni siquiera me he enterado?

La realidad podría ser...

■ Siempre que sale con sus amigas parece el patito feo. Todas se arreglan y quedan muy aparentes. Así que se ha cansado y se ha dicho: de esta semana, ¡no pasa!

■ Por su trabajo, se relaciona con mujeres vinculadas al mundo de la moda que se han pasado la vida diciéndole que tenía mucho potencial. Al final, casi porque la dejaran en paz, ha decidido seguir un plan de choque estético que le han montado.

■ Ha visto cómo miras a las mujeres que se cuidan. Sabe que no tiene nada que temer pero quiere darte esa alegría, para que también la mires a ella como cuando os conocisteis hace ya más de diez años.

■ Ha llegado un nuevo jefe a la oficina, muy exigente con la imagen y el aspecto de su equipo. Así que para evitarse posibles problemas y malentendidos... ha decidido hacer un esfuerzo.

■ Quiere despertar tus celos. Lo está consiguiendo, ¿no? Ella se hace mayor, ve como la rutina se establece entre vosotros, nota que pierdes interés... Aunque sabe que la quieres, necesita notarlo. Es normal que, llegados a cierta edad, unos pequeños celos puedan ayudar a reactivar la pasión. Todo dentro de la normalidad, por supuesto.

En plena cuenta atrás

Lo has intentado. Has reflexionado largo y tendido sobre lo que está pasando, has tratado de quitarle importancia, has hablado con amigos, has leído algunos consejos de expertos... pero no hay nada que hacer. Lo notas: estás en plena cuenta atrás del ataque de celos.

Ha llegado el momento de desempolvar el plan DDD para casos de emergencia:

■ **Decisión.** Recuerda que la última palabra sobre tus actos es tuya y sólo tuya. No dejes que tus amigos, las convenciones sociales o un mal consejo decidan por ti. Antes de tomar una decisión que pueda ser muy drástica, respira unos minutos. Plantéate a ti mismo por última vez: ¿mis celos son justificados?, ¿me beneficia atacar a mi pareja?, ¿nos beneficiará a ambos?, ¿cuál es el objetivo de mi ataque?

■ **Diálogo.** No nos cansaremos de decirlo. Es un elemento básico cuando iniciamos cualquier relación. Y no estoy pensando sólo en el amor.

Decálogo de la **cuenta atrás**

- Cuenta hasta diez.
- Respira profundamente y visualiza un momento feliz y tranquilo de vuestra relación.
- Llama a alguien de mucha confianza y desahógate.
- Tómate una infusión de hierbas tranquilizante.
- Escribe tus pensamientos, aunque sea de una manera desordenada.
- Sal a la calle, ve a una cafetería o a una plaza en las que haya mucha gente. Estáte ahí un rato, viendo pasar la vida.
- Descarga adrenalina: ve al gimnasio, acércate a correr a la playa, haz una excursión a la montaña.
- Queda con tus colegas para ir a un *paint-ball* y dispara tantas bolas de pintura como seas capaz.
- Repite un mantra sencillo pero efectivo de carácter positivo.
- Acude a un profesional si ves que estás a punto de saltar por los aires.

La crisis ha pasado... ¡por esta vez! Es importante que analices la situación. Ya hemos comentado que sentir celillos es normal e incluso, en algunas ocasiones, necesario. Mostrar interés por saber qué y con quién hace las cosas tu pareja, intentar pasar más tiempo juntos, decirle que la echas de menos...

Si en alguna ocasión las cosas van un poco más allá, tampoco hay que preocuparse extremadamente. Tal vez estés viviendo un momento de estrés laboral o te enfrentas a problemas de salud que te tienen preocupado. Estás más sensible y cualquier gesto de ella lo interpretas como que ya no te quiere, está engañándote o a punto de hacerlo. Te has sorprendido a ti mismo escuchando detrás de la puerta alguna conversación con una amiga o exigiéndole que no fuera a aquella fiesta de trabajo, incluso le has levantado la voz. Háblalo con ella: lo entenderá. Vigila que este tipo de actitud no se repita o se convierta a partir de ahora en una costumbre.

Tú mismo estás asustado. Tus amigos te han llamado la atención por cómo tratas a tu chica, has descubierto que ella te mira con algo de miedo cuando le hablas o hace una semana que no puedes comer nada pensando dónde estará a cada hora. ¡Ha saltado la alarma! Busca ayuda. Tal vez nos enfrentemos a un problema importante.

¡Tengo pruebas! La infidelidad llama a tu puerta

Tal vez no son imaginaciones tuyas o posibilidades futuras. Te ha llamado un amigo de confianza y te lo ha contado o tú mismo la has visto: está con otro. O por lo menos lo ha estado una vez. Esto cambia las cosas... ¿o no?

¿De qué estamos hablando? ¿De un coqueteo con un compañero de trabajo? ¿Un beso furtivo en medio de una borrachera? ¿Una relación de más de cinco meses con tu mejor amigo? Cada pareja sabe qué está dispuesta a permitir sin enviar su relación al traste. Nadie puede juzgarte por la decisión que tomes en este momento y por cuál sea tu umbral de permisión.

Las infidelidades se podrían clasificar de muchas maneras. Aquí va una de ellas:

■ **El coqueteo.** Tu chica necesita sentirse guapa. No puede soportar que no la miren cuando entra en un restaurante, incluso cuando va de tu brazo. Se arregla, se viste, sonríe a todos lados... es parte de su juego. Pero ni se le ocurre nada más: está profundamente enamorada de ti y no quiere perderte por nada del mundo.

■ **El desliz.** Una noche de fiesta, un viaje de trabajo, cuando vivíais una pequeña crisis que luego superasteis... pero ya está todo olvidado. Seguramente, no recuerda ni el nombre y no se le ocurriría volver a hacerlo nunca más. Fue tan sólo eso... ¡un simple desliz!

■ **La doble vida.** Hace tiempo que tiene otro y tú no te habías enterado. No te lo ha dicho por miedo a perderte, por no perjudicar a vuestra familia, porque él está casado... Pero lo suyo va en serio. O por lo menos, así lo parece.

■ **Infidelidad compulsiva.** No es muy común entre las mujeres pero podría darse. Ella no puede evitarlo: caerá una y otra vez, encuentra cierto placer en ello. No imagina su vida sin ese aliciente.

■ **Cuestión de edad.** La crisis de los cuarenta, la llegada de la menopausia... hay edades delicadas en las mujeres y sería bueno que las conocieras.

■ **Platónica.** No pasará de ahí. Las mujeres con gran imaginación o muy románticas no podrán olvidar un primer amor o no dejarán de soñar con un actor o cantante. Pero jamás pasará de ahí: de su cabecita.

Una vez sepas a qué te enfrentas, quizá sería bueno que buscaras los posibles motivos para poder luchar contra ellos. ¿El paso del tiempo y la llegada de la rutina a vuestra relación? ¿Falta de calorcito en vuestro dormitorio? ¿Enganchada a las faldas de su mamá? ¿Malas amistades? ¿Demostración de osadía o poder?

El problema no soy yo... ¡es ella!

A veces te sientes como un pez fuera de la pecera: te asfixias. Ella está todo el día pegada a ti, no acepta que salgas a ningún lado solo, siempre te pregunta con quién hablas y por qué, te llama al móvil constantemente incluso en horario de oficina... la situación ha llegado a tal extremo que has creído verla alguna vez siguiéndote por la calle, escondiéndose tras las farolas...

Seguro que cuando os conocisteis, ella no se comportaba como ahora. Era dulce, cariñosa, transigente, liberal... ¿qué ha pasado? Lo mismo que contigo: al principio de vuestra relación, tú eras el más caballeroso de todos los hombres, la ibas a recoger al trabajo con flores, le preparabas sorpresas cada viernes... ¿y ahora? Cuando empezamos a conocernos, todos queremos dar la mejor imagen posible de nosotros. Es parte del juego. Aunque evidentemente lo que no es normal es llegar a parecer Doctor Jekyll & Mister Hyde. Si esto sucede, como ya has notado, tienes un problema.

La pregunta del millón. Antes de seguir leyendo o tomar cualquier decisión, lo primero que tienes que preguntarte es: ¿Merece la pena luchar por ella? ¿Es sólo una más o realmente es la mujer de tu vida... o podría serlo? Sé sincero porque ahí está la clave que justificará tu esfuerzo o no por salvar lo vuestro y crear un equipo compenetrado.

Buceando en el pasado. Has decidido que sí: quieres esforzarte porque esta relación salga adelante. ¿Qué sabes de su pasado? ¿Qué tipo de educación tuvo? ¿En qué familia se crió? Ya hemos comentado el papel tan destacado que juega el pasado en el desarrollo de una persona celosa. Tal vez ahí encuentres alguna explicación.

Mírate en el espejo. De acuerdo, ella no se comporta de manera correcta pero... ¿puede tener motivos? Tal vez sin quererlo, de una manera espontánea, te comportas de manera que provocas que se sienta insegura. Analízate.

Aquí van varios puntos que suelen ser conflictivos pero seguro que encuentras algún otro ámbito más personal que también debas estudiar.

■ **Aficiones.** ¿Les dedicas más tiempo que a ella? ¿No le dejas participar de ellas? ¿Nunca comentáis lo que haces en tus clases de cata de vino, tus salidas en bicicleta por la montaña o en las sesiones de gimnasio?

■ **Amigos.** ¿Siempre salís sólo hombres o alguna vez dejáis a vuestras chicas participar de vuestras juergas? ¿Los conoce? ¿Realmente los aprecias o son sólo una excusa para mantener una parcela de terreno libre para salir?

■ **Ex novias.** ¿Habláis con normalidad de ellas? ¿Mantienes algún tipo de relación con ellas? ¿Lo sabe tu actual pareja? ¿Le has preguntado qué opina? ¿Constantemente pones como ejemplo a alguna de ellas?

Tú decides. ¿Crees que tiene alguna razón objetiva para sentirse molesta? ¿Te gustaría que ella se comportara de la misma manera? Con esas dos respuestas en la mano, tal vez debas cambiar un poco para facilitar las cosas.

Juego de equipo. Sin duda, cualquier relación es un juego de dos. Háblalo con ella. Explícale cómo te sientes. Hazla partícipe de tus sentimientos: tal vez ella también pueda aportar alguna solución, darse cuenta de su actitud... o por lo menos, la conversación te servirá para desahogarte.

Estableced reglas de juego. Puede resultar una buena idea. Al principio, podéis establecer unas normas de convivencia: cuándo podéis salir con los amigos, qué días y qué actividades haréis juntos, renunciar durante un tiempo a ver a alguna ex novia... Vosotros veréis qué estáis dispuestos a cumplir y qué no. Pero si aprobáis algo los dos, cumplidlo. Si por pequeña y sin importancia que sea la ocasión, le engañas, una celosa no podrá soportarlo. Será la bomba que dinamitará cualquier posibilidad de reconciliación.

Hasta aquí hemos llegado

Muchas parejas no son capaces de superar las crisis provocadas por una infidelidad o los ataques de celos constantes de uno de los dos miembros. Incluso se ha demostrado que, en algunos casos y a la larga, mantener esas relaciones puede ser muy dañino para la autoestima y para el equilibrio emocional de ambos. Si no eres feliz, no te empeñes en alargarlo. Tal vez estás perdiendo a tu amor de verdad por estar con alguien a quien ya no amas... o al menos de esa manera.

Cuando ella te importa. Lo sé. Es más fácil decirlo que hacerlo: dejar a alguien no es plato de buen gusto, sobre todo cuando esa persona te importa o pertenece a tu círculo cercano. ¿Qué hacer en esas situaciones? No tengo demasiados consejos para darte. Todos nos hemos encontrado en ese punto y hemos salido de la mejor forma en que hemos sabido.

■ **No dispares a dar...** porque la bala puede rebotar y darte a ti. No le eches a ella toda la culpa porque dos no discuten si uno no quiere. Asume tu parte y no tengas la cara de decirle que esto lo haces porque es lo que realmente ella quiere.

■ **Es más fácil** ver la paja en el ojo ajeno que la viga en el propio. Ella tiene defectos, sin duda.¿Pero acaso crees que tú eres perfecto?

■ **Antes se coge** a un mentiroso que a un cojo. Piénsalo bien: ella es amiga de tu hermana o prima de tu mejor amigo. ¿De verdad crees que tardará mucho en enterarse de que has conocido a otra? Aunque te cueste, sé sincero.

■ **Cuéntame un cuento** y verás qué contento. No siempre funciona. Seguramente, ella agradecerá que no la trates de tonta. ¿Qué significa eso de decirle que te lo agradecerá, que se merece algo mejor, que tú no puedes hacerla feliz y que lo haces por ella? Ve de frente: no la quieres como antes y punto. Tú eres el que no serás feliz con esta relación.

Ni fu ni fa. No ves el momento de dejarla. Te gustaría no herirla pero... tampoco estás para miramientos: ella o tú. No tienes nada en su contra y de hecho, guardas algún buen recuerdo pero... como dice el bolero: «Se te acabó el amor». O tal vez se cruzó alguien nuevo por delante. Te propongo que aún así, tengas algo de delicadeza puesto que ella no se merece un mal trago a cambio del cariño que te profesa. ¿Cómo hacerlo? Prueba con la receta del bizcocho: algo dulce, sencillo y rápido. Pon azúcar para que el adiós sea más suave; clara de huevo para que el dolor se deslice; harina blanca para tapar los recuerdos oscuros; raspadura de limón para darle un poco de sabor al último día y al final, un poco de chocolate por encima, para que el último recuerdo sea bonito.

Pies para qué os quiero. Ni un minuto más a su lado: te ha destrozado la vida. Te ha alejado de tus amigos y te ha enemistado con tu familia. Tal vez has perdido dinero o te ha sido infiel constantemente. Es igual el motivo: has de deshacerte de ella. Sin contemplaciones. Y si de paso sufre un poquito... tampoco te importa.

■ **Cazador cazado.** Sabes que te ha sido infiel en reiteradas ocasiones. Las primeras veces, la perdonaste porque estabas súper enamorado; las siguientes, destrozado, no tuviste fuerza para hacer nada y ahora quieres acabar con esto. ¡Qué se ha pensado! Para dejarla en evidencia y para la que le quede claro el causante, ¿por qué no cogerla *in fraganti*? ¿Te imaginas el gustazo que te darás? Presta mucha atención, entérate de dónde y cuándo.

Espera con paciencia de buen cazador... y preséntate allí. ¿Te imaginas su cara cuando entres en el mismo bar en que ella está acaramelada con el otro a pesar de haberte dicho que estaba en casa de su madre? Quizás están yendo al cine: siéntate en el asiento de atrás y, cuando estén cariñosos en mitad de la película, empieza a toser y moverte en tu asiento. Cuando ella se gire para pedir que pares... ¡sorpresa! Eso sí, se necesita estómago. Asegúrate que estás en el punto que puedes hacer esto...

Quien a hierro mata, a hierro muere. Págale con la misma moneda, para que sienta cómo sufres. Desde hace tiempo, te ignora cuando estáis solos y te ridiculiza cuando estáis con los amigos. No te consulta nada y decide por su cuenta. Compórtate de igual manera: seguro que si no eres así, al principio puede costarte. No te preocupes, todo es cuestión de práctica. Si salís un sábado a cenar con amigos, haz algún comentario irónico sobre sus cabellos o ropa. Si vais a comer a casa de la familia, compara la comida de su madre con la que cocina ella, sabiendo que saldrá malparada. Si ella viene y dice que os vais al cine a ver una película que ya ha elegido, coméntale que vaya sola: tú tienes entradas para un concierto.

Dime con quién andas y te diré... Tiene unos amigos que nunca te gustaron ni tú a ellos. Hasta aquí, todo normal. ¡Les pasa a tantos! Pero el problema es que, últimamente, parece preferirlos a ti. Siempre se pone de su lado, les da la razón o prefiere salir con ellos antes que contigo. La descubres hablando horas y horas con ellos al teléfono, explicándoles cosas vuestras. Tienes dos opciones: desempolva del armario de los recuerdos aquellos amigos que ella no soportaba e invítalos constantemente a casa. ¡A ver cuánto aguanta! O en vez de eso, haz de tripas corazón y apúntate a todos los planes que haga con «tu competencia»: vuélvete uno más de ellos, imprescindible en todas sus fiestas y cotilleos. Si ella quería deshacerte de ti, lo tiene crudo... cuando esté en su punto, dale la estocada a esta relación. Desaparece.

■ **Imaginación al poder.** Te tiene harto y mareado con sus mentiras. Ya no sabes qué es una verdad, una verdad a medias o directamente una mentira. Te ha vuelto loco y en cierta manera, te has sentido ridículo... No hay problema: prepara una buena batería de excusas, marcianadas, absurdeces... y ve contándoselas conforme te vengan bien. Recuerda que tu principal arma para que se las crea es la sorpresa: tú nunca has actuado así, por tanto no se lo espera. Invéntate una ex que ha llegado a top model internacional; una enfermedad terminal; una doble vida en otra ciudad o poderes para contactar con los espíritus y para adivinar el futuro. Un futuro muy negro... ¡para vuestra relación!

■ **La avaricia rompe el saco.** Se ha pasado los días reclamando que tú tienes esto y ella no, y aquello y lo otro. Unas veces se muere de envidia porque tu trabajo es mejor, te pagan más o has tenido más suerte que ella. Otras veces porque vuestros amigos te quieren más o porque hasta su madre te hace más caso. En Navidad, tu regalo siempre le parece mejor que el suyo. Pero no pone nada de su parte para cambiar las cosas. ¿Qué hacer? Asegúrale que te vas por su bien. Así dejará de sufrir al ver lo bien que te va todo. No tendrá espejo en el que mirarse y, por tanto, podrá llevar una vida más feliz. Y tú también, cerca de alguien que se alegre de ti cuando las cosas te van bien y te acompañe cuando vayan mal.

■ **Ahogarse en un vaso de agua.** Todo es un problema para ella. Si vas porque vas, si vienes porque vienes. Ha llorado tanto que si derrama una lágrima más, crees que te ahogarás. Ahora que aún estás a tiempo, coge la «zodiac» y huye. ¿Cómo hacerlo? Puedes elegir dos maneras. Una, llorando tú también. Móntale un drama, uno de esos que no pueda olvidar. Asegúrate que tenéis a mano pañuelos para usar cuando vuestra desdicha os supere. La otra, lánzale una directa: alquila un dramón en el videoclub (tipo *Sonrisas y lágrimas*) y déjaselo con una nota, con la letra borrosa como si hubiera caído una lágrima.

■ **Para las que les das la mano y se quedan con todo el brazo.**
Increíble pero cierto: te ha quitado hasta el alma. Tú te ofreciste
a pagar el primer café que os tomasteis juntos y desde entonces
no has parado: un viaje a las Canarias por su cumpleaños, una
nevera nueva porque le robaron la suya, un anillo por Navidad,
una televisión para su madre... Tu cuenta corriente se ha convertido en un colador. Déjala antes de que sea demasiado tarde
pero hazlo de manera que no lo olvide. Llama al teletienda con
su tarjeta de crédito: cómprate la vajilla de Viena que siempre
quisiste y esa bicicleta estática que estás necesitando para cuidar
de tu corazón. Y ya que estás, ¿por qué no darte un caprichito y
conseguir la colección especial de sellos de coches antiguos?

Y sobre todo, cuando lo consigas, no vuelvas la vista atrás. Cie-
rra las páginas de este libro, sin que te tiemble el pulso. Miles de
historias te están esperando a la vuelta de la esquina y no tienes
tiempo que perder.

Otros títulos publicados

El placer de ser tú. *Paz Torrabadella*

Súper romance. *Claudia Ponte*

Sexo para mujeres. *Claudia Ponte*

Tu pareja perfecta. *Sally Stephen*

Guía del mal partido. *Clara Haro*

Cómo desarrollar tu autoestima. *Nora Rodríguez*

Manual de la novia infernal. *Clara Haro*

El sueño lúcido. *Dra. Consuelo Barea*

Cuestionarios sobre ti. *Paz Torrabadella*

PNL para principiantes. *Salvador Carrión*

Otros títulos publicados

Adiós a la tristeza. *Dr. Miquel Pros*

Las relaciones con los demás. *Dr. Albert Ellis*

Sé mala. *Alicia Misrahi*

Sin pareja y feliz. *Wendy Bristow*

Segura de ti. *Wendy Bristow*

Todo lo que no has de hacer si buscas amor. *Alicia Misrahi*

Relaciones: la solución en 30 días. *Caro Handley*

Sueños salvajes. *Lisa Sussman*

Masaje erótico chino. *Wang-Puh Wei y Chris Evans*

Entrenamiento mental. *Kurt Tepperwein*